KB201939

준비부터 마무리까지
초등 영어 수업의
모든 것

학생과 선생님 모두 즐거운 참여형 수업 활동 가이드북
준비부터 마무리까지 초등 영어 수업의 모든 것

초판 1쇄 인쇄 2025년 06월 05일
초판 1쇄 발행 2025년 06월 12일

지은이 조성호
펴낸이 김헌준
편 집 류석균
디자인 전영진
펴낸곳 소금나무
　　　　주소 (07314) 서울시 영등포구 신길로 214, B 101-1호 ㈜시간팩토리
　　　　전화 02-720-9696 팩스 070-7756-2000
　　　　메일 sogeumnamu@naver.com
　　　　출판등록 제2025-000036호.(2025.03.11.)

ISBN 979-11-989090-4-6 93370

소금나무는 ㈜시간팩토리의 출판 브랜드입니다.

학생과 선생님 모두 즐거운 참여형 수업 활동 가이드북

준비부터 마무리까지
초등 영어 수업의
모든 것

— 조성호 지음 —

소금나무

● 들어가는 말

- 초등 영어 수업, 재미있게 준비하고 재미있게 수업하자!

교 사	학 생
OK! Good morning, everyone!	Good morning, Mr. Cho!
How are you doing today?	I am good. / So so. / Great.
Let me show you a picture of the future job.	(저게 뭐지?) (웅성웅성)
Just a moment, 승철. Stop talking in Korean.	(승철이는 하던 말을 멈추고 선생님을 바라본다.)
Can you tell me this person's job? Who is this man? (화면에 요리사 백종원의 청년 시절 사진이 나온다.) You are right. He is a famous cook 백종원. (요즘 사진을 보여준다.)	(누구지? / 백종원인가?) Wow! / Funny! (하하! 진짜 몰랐네. ㅋㅋㅋ)
What does he do for a living? Tell me his job. Three, two, one!	He is a cook.
Great! OK, everyone.	

5학년 학생 25명이 〈Lesson 11. I Want to Be a Movie Director〉 단원의 2차시에서 직업에 대한 표현을 배우는 중입니다. 학생들은 뭔가 쑥스러운 듯이 영어로 인사말을 하다가 선생님이 보여주는 사진을 보고 눈빛이 빛납니다. 유명한 사람의 옛날 사진을 보고 이 사람이 누군지, 그리고 직업이 무엇인지를 말하는 장면입니다. 학생들이 요리사 백종원의 청년 시절 사진을 보고

못 맞히더니, 그가 백종원이라고 말하니까 깜짝 놀라며 즐거워합니다. 한창 시끌시끌할 때 수신호를 보냅니다.

교사: "뺨 빠바뺨뺨"
학생: "뺨뺨" (박수)

일순간 모두 조용해집니다.

'OK'는 제가 수업에서 가장 많이 쓰는 말입니다. 어찌 보면 만병통치약과 같습니다. 학생들이 잘 대답할 때도, 다음 단계의 활동으로 넘어갈 때도, 심지어 학생들이 열심히 수업에 따라오지 않아도 OK라고 말합니다.

OK처럼 효용이 좋은 영어 단어가 있을까요? 저의 말에 OK가 붙으면 영어 수업에 큰 무리가 있든, 아이들이 환호성을 지를 만큼 즐겁든 영어 수업은 진행 중이란 뜻입니다.

2002년 초등교사를 시작으로 2025년까지 군대 복무 기간을 빼고도 교사 경력이 21년이 되어 갑니다. 초등학생을 대상으로 영어 수업을 한 지는 벌써 10년이 되었습니다. 그중 1년은 담임교사로, 9년은 영어전담교사로 영어를 가르쳤습니다. 전 과목을 가르치는 담임교사가 초등교사의 대다수인 상황에서 10년 동안 영어를 가르친 시간은 결코 짧지 않습니다.

왜 나는 영어 수업을 10년이나 해왔을까? 그냥 해야 해서? 학교에서 시켜서? 할 게 이것밖에 없어서? 아닙니다. 대부분은 제가 원해서 영어를 가르쳤습니다. 영어전담교사만의 매력이 그만큼 크기 때문입니다. 다른 담임교사, 타 교과 교사가 가지지 못한 장점이 영어전담교사에게 있습니다. 그동안 그 매력에 매료되었고, 그로 인해 지금도 그 매력 속에 빠져 있습니다.

가수 싸이의 2012년 노래 '강남스타일' 뮤직비디오 유튜브 조회 수는 현재 50억 뷰를 넘기며 엄청난 대박을 터뜨렸습니다. 지구촌 사람들이 강남스타일 이라는 음악과 춤에 빠져들었지요.

당시 가수 싸이에게 한 기자가 물었습니다.

"운이 매우 좋아서 강남스타일이 성공했다고 많이들 말하는데 어떻게 생각 하는지요?"

싸이는 이렇게 대답했습니다.

"전 운이 매우 좋은 것은 사실입니다. 하지만 전 항상 준비하고 연습했습니다. 열심히 내 길을 팠기 때문에 저에게 그 운이 왔을 때 잡을 수 있었습니다."

매년 12월이 되면 초등교사는 다음 연도 담당 학년과 보직을 결정해야 합니다. 영어전담교사를 하겠다고 학교에 신청하면 그다음은 학교의 결정을 따라야 합니다. 나에게 영어전담교사 자리를 줄 수도 있고 주지 않을 수도 있습니다.

제가 근무한 학교의 영어전담교사는 서로 하려는 자리였습니다. 저는 그런 면에서 운이 좋았습니다. 싸이가 그랬듯이 제가 영어전담교사를 맡으면 좋을 만한 이유를 만들려고 나 스스로 그런 이유가 되고자 노력했습니다.

처음엔 물론 저도 영어 수업이 어려웠습니다. 지도서에는 왜 이리 많은 말들을 하라고 쓰여 있는지, 지도서대로 하다가 수업을 망치기 다반사였습니다. 당연히 수업은 제가 계획한 대로 흘러가지 않았습니다. 게임 진행 과정에서 아이들이 원래 방법대로 하지 않아서 바로 잡아주다가 시간만 흘러가기도 했습니다. 잘하는 아이들은 지루해서 하품, 못하는 아이들은 어려워서 하품이었습니다.

늘 아이들을 즐겁게 해줘야겠다는 마음을 먹지만, 이미 선행학습을 하여 영어 수업을 얕잡아 보고 대충 참여하거나 수업을 방해하는 아이도 생겨났습니다. 영어 수업이 끝나고 나면 이런 아이들을 상대하면서 소리를 지르느라 제목은 푹 쉬기 일쑤였습니다.

영어 수업을 더 잘하고 싶은 마음에 초등영어과 대학원에 진학했습니다. 대학원에서 초등학생 교육 방법뿐만 아니라 수업을 바라보는 마인드도 함께 익혔습니다.

10년간 영어 교사를 하다 보니 점점 조금씩 어떻게 수업하면 될지 노하우가 쌓여 갔습니다. 어떤 활동으로 영어 수업을 구성하면 학생들이 열심히 할지, 어떻게 설명해야 학생들이 잘 따라오는지, 어떤 말들을 하지 말아야 하는지 등의 스킬을 쌓아 갔습니다.

운동을 잘하는 선수들이 말하길, 자신의 실력이 크게 레벨업 되는 순간을 '몸에서 힘을 뺄 줄 아는 순간'이라고 말합니다. 저도 영어 수업을 하면서 지나치게 힘을 들이지 않으면서도 아이들이 영어에 즐거워하고, 영어 수업에 좀 더 몰입하게 할 수 있는지를 조금씩 익혀나갔습니다. 데이터가 쌓이고 시행착오가 줄어들면서 수업은 좀 더 부드러워졌고, 나만의 통제력과 노하우가 쌓였습니다.

그 과정에서 아이들뿐만 아니라 저도 함께 영어 수업을 즐기기 시작했습니다. 평소 영어 수업 시간에 산만했던 아이들도 수업에 몰입했고, 오늘은 어떤 활동을 할까 기대에 차서 영어 교실에 들어오는 아이들의 눈빛이 좋았습니다. 이미 영어 학원에서 선행학습을 한 아이들도 더 이상 지겨워하지 않았습니다. 놀이와 함께하는 활동을 진행하면서 아이들이 좀 더 편안하게 할 수 있는 활동으로 바꿔나갔습니다. 처음 시도한 활동보다 두 번, 세 번째 한 활동이 점점 아이들이 더 좋아하는 놀이로 변화 발전했습니다.

한 아이가 이렇게 말한 기억이 아직도 제 가슴에 새겨져 지워지지 않고 있습니다.

"선생님, 영어 수업이 제일 재밌어요. 올 때마다 기대돼요!"

나의 영어 수업이 이렇게까지 아이들에게 기다림의 대상이 될 줄이야!

10년 동안 영어 수업을 하다 보니 깨닫는 것이 많아집니다. 완벽한 영어 수업은 없습니다. 많게는 주당 20~25시간, 600~800차시의 영어 수업을 어떻게 모두 멋지게 할 수 있을까요?

수많은 책과 교수법, 영어 연수는 완성된 모습을 알려줍니다. 최고의 동기 유발, 멋진 교구와 게임, 학생 모두 즐겁게 참여하는 활동, 아름다운 마무리 등등. 하지만 모든 수업을 그렇게 할 수는 없는 게 현실입니다. 그렇게 해서도 안 됩니다. 그래서 우리는 '지향(指向)'이라는 말을 씁니다. 그런 수업하는 것을 목표로 삼되, 내 능력과 학교 현장 현실과의 어느 정도 타협이 필요합니다. 그래야 다음 수업을 준비할 힘이 생깁니다.

시간이 지나면서 이상적인 수업과 현실의 타협점을 나 스스로 찍어나가게 되었습니다. 그리고 그 타협점을 이상적인 수업을 향해 조금씩 옮겨갈 뿐입니다. 일상 속 수업에 힘을 덜 들이고 조금씩 바꿔나가는 방법, 학생들이 움직이고 활동하는 수업으로 나아가는 방법을 터득하면서 균형적인 교사로서의 삶을 살고자 노력했습니다. 4시 반 퇴근하면서도 즐거운 영어 수업을 기획하고 운영할 수 있으며, 영어 교사로서 충분히 성취감을 느낄 수 있도록 말입니다.

영어전담교사를 하면서 담임교사나 타 교과 선생님이 할 수 없는 새로운 나만의 분야가 생긴 것도 또 다른 행복이자 성취였습니다. 원어민 교사와 코티칭을 하면서 수업 진행뿐만 아니라 평상시에도 함께 즐겁게 지내기도 했습니다. 영어 수업 실기대회에서 4회 입상하며 좋은 수업을 만들고자 노력했습니다. 영어에 관심이 많은 선생님이 모여 있는 교육청 영어지원단의 영어 관련 프로그램에도 참여했습니다. 경기도교육청 주간 영어심화연수에 참가해서 미국 미시간, 시카고에도 다녀왔습니다. 이후 유네스코 아시아태평양교육원 주관 선진학교와의 교사 교류 사업에도 참여했습니다. 또한 한 달 동안 호주 멜버른의 초등학교에서 학생들에게 한국에 대해 가르쳤습니다. 나아가 싱가포르 한국국제학교 교사로 합격하여 국제부장교사로 20명이 넘는 원어민과 팀을 이루어 영어 교육을 주도했고, 많은 프로그램을 운영했습니다. 제가 영어전담교사가 아니었다면 이런 성취를 해낼 수 있었을까요?

이 책에 제가 겪었던 10년의 시행착오의 결실을 바탕으로 가장 기본이 되는 초등 영어 수업 준비부터 확장된 영어 수업 준비 과정, 생활 속 영어 수업의 안정적 운영 노하우, 원활한 영어 수업 TIP, 영어 수업 중 문제 상황에 대한 대처 방법 등을 담고자 했습니다.

초등 영어 수업 속에서 아이들을 만나는 선생님, 영어 수업이 고민인 선생님, 더 나아가 영어 수업에 관심이 있는 모든 분께 조금이라도 도움이 되길 바랍니다.

"Big shots are only little shots who keep shooting."
(큰 성취는 작은 성취를 조금씩 해나가는 것들의 결과일 뿐이다.)
- Christopher Morley

교사 조성호

CHAPTER 03

영어 수업 준비, 이렇게 하자

CHAPTER 04

차시별 수업, 이렇게 하자

영어 교과 수업 경영

※ 영어전담교사, 기회를 잡자

나가는 말

CHAPTER
01

영어전담교사의 매력

1

영어전담교사,
뭐 하는 사람?

학교에서 나에게 수업을 듣는 모든 학생이 나를 보면 "Mr. Cho."라고 부른다. 복도에서든 운동장에서든 나를 만나면 "Hello, Mr. Cho." 또는 "Good morning, Mr. Cho."라고 인사한다. 내가 아이들에게 시켰냐고? 그렇다. 3월에는 아이들이 쭈뼛쭈뼛하다. 도서관 앞에서 한 아이가 나와 마주친다. 나를 보고 눈짓으로 가볍게 인사를 했다가 다시 "Hello, Mr. Cho."라고 말하면서 손을 흔든다. 나는 그 아이에게 "Good morning."이라고 말한다. 3월 말부터는 마주치는 나의 제자들 모두 손을 흔들며 "Hello(또는 Hi), Mr. Cho."라고 자연스럽게 인사한다.

영어전담교사는 뭐 하는 사람인가? 영어를 가르치는 선생님이라는 뻔한 답이 자연스럽게 나온다. 과학 선생님은 과학을 가르치는 사람이듯이. 다시 묻고 싶다. 초등 영어 교과는 다른 교과에 비해 어떻게 다른가? 영어 교과는 학생의 기초적인 일상 영어 의사소통능력을 형성하는 것이 주된 목표다. 영어 의사소통능력이 영어 교과의 핵심이다.

의사소통은 상대방의 말이나 문자에 담긴 의사, 즉 말하고자 하는 바를 이해하고 내 의사를 담아 말하는 것, 쓰여 있는 말을 이해하고 내 의사를 담아 쓰는 것을 상호 원활하게 이해하고 표현하는 것이다. 이를 할 수 있는 것이 의사소통능력이다.

그럼 의사소통능력은 어떻게 길러지는가? 바로 의사소통 그 자체를 통해 길러진다. 이는 자주 듣고, 말하고, 읽고, 쓰는 것에서 시작된다. 그렇다면 영어 교사가 할 일은 좀 더 명확해졌다. 주어진 목표에 따라 자주 듣고, 말하고, 읽고, 쓰는 기회를 제공하면 된다. 그럼 이렇게 수업을 하면 어떨까?

"지금부터 선생님 말을 10번 반복합니다. 실시!"

"지금 주어지는 말을 10번 씁니다. 실시!"

요즘에는 군대에서도 이렇게 교육하지 않는다. 말하기 수업은 바로 'Communication Learning Approach', 즉 의사소통 교수법을 바탕으로 한다.

의사소통 교수법은 사실 교수법이라기보다는 영어를 가르치는 접근 방법이다. 학생들의 문법적인 능력보다 실제 의사소통 과정에서 언어기능 향상에 집중하는 데 목적이 있다. 즉 학생들이 실제 일상생활에서 나누고 있는 대화를 연습하고 이를 시뮬레이션 해보는 것에 집중한다. 학생들이 배운 단어나 문장을 유목적적(목표나 필요에 따라 의도적으로 행동)으로 사용하는 환경을 제공하는 데 초점을 두는 것이다.

'What's your favorite food? My favorite food is spaghetti.'라는 주요 표현 문장을 학생들에게 앵무새처럼 10번 반복시켰다고 하자. 학생들은 그저 이 표현을 기억만 하고 금세 머릿속 깊숙한 곳에 저장만 했을 뿐이다. 여기서 한발 더 나아가야 한다. 학생들에게 다른 친구들이 어떤 음식을 좋아하는지 조사하게 한다. 단 질문과 답변은 'What's your favorite food? My favorite food is ~.' 패턴을 사용하라고 시킨다. 이때 학생들은 수업 시간에 배운 표현을 유목적적으로 실제 의사소통과 유사하게 사용할 것이다. 단지 배운 표현을 익히는 것으로 끝나는 것이 아니라 이것을 사용하게 하는 데 초점이 있다. 그래서 나는 영어를 의사소통의 또 다른 도구라고 부른다. 학생들이 영어라는 도구를 최대한 즐겁고 의미 있게 사용하여 그 도구의 기능을 한 단계 높이는 것이 영어 교육의 중점 목표이다.

여기서 바로 'PPP 모델'이 필요하다. 영어 표현을 학생들에게 제시(Presentation)하고, 이를 연습(Practice)하며, 연습한 것을 가지고 발화(Production) 단계에서 좀 더 유목적적으로 활용한다. 학생들은 발화 단계에서 자신이 배운 표현을 자신의 의사 전달 도구로 활용하기 시작한다.

영어를 잘하는 개그맨 김영철은 자신이 배운 표현을 실생활 어딘가에 리얼하게 써먹기로 유명하다. 그는 어떤 표현을 배우면 그것을 여러 번 반복(Practice)하고 실제 상황에서 사용(Production)하려고 상황을 만들기도 한다. 그러면 그 표현을 완전히 자신의 것으로 만들 수 있다고 한다.

초등 영어 교육과정은 과업 중심 학습이론(Task Based Learning)을 기반으로 하고 있다. 학습자가 어떤 과업이나 활동을 실행하는 과정에서 '목표언어'를 사용하도록 하는 것이다. 대표적으로 정보차 활동(Information Gab)이나 길 안내 지도 만들기 활동이 있다. 목표언어를 유목적적으로 활용하게 함으로써 학생의 의사소통능력을 향상하는 데 기여하게 된다. 여러 가지 Input 자료(읽기, 예시 등)로 Output(학생이 만든 자료, 발표 등)를 만들 수 있다.

그럼 초등 영어 수업이 이루어지는 주요 방향은 무엇인가? 바로 CLT(의사소통 교수법), TBL(과업 중심 학습이론)을 바탕으로 PPP(표현 소개 - 연습 - 능동적 사용) 또는 PWP(텍스트 다루기 전 - 다루는 중 - 다룬 후)가 잘 이루어지도록 만드는 것이다. 쉽게 이야기하면, 학생들에게 주요 표현을 소개하고 연습하게 하여 능동적으로 사용하게 만드는 것이 영어 수업의 핵심이다. 중요한 것은 수업의 중반부를 지나고 종반부로 갈수록, 그리고 각 단원의 끝부분으로 갈수록 수업의 중심이 교사에서 학생으로 넘어가도록 하는 것이다.

교사는 목표언어에 따른 활동을 정하고, 그 활동을 진행하여 학생들이 의사소통을 활발하게 만드는 역할을 하는 사람이다. 처음에는 수업을 주도하지만 수업 중후반으로 갈수록 촉진자와 조정자 역할을 하게 된다. 의사소통 주도자도 처음에는 '교사-학생'이지만 나중에는 '학생-학생'으로 점차 변화한다.

학생들이 능동적으로 영어로 말을 주고받는 시끌벅적한 에너지 넘치는 교실을 보고 있으면 한편으로는 즐겁다. 학생들은 활동에서 이기기 위해(Game), 발표를 위해(Role play), 정보를 얻기 위해(Information Gab), 그리고 수수께끼를 하나하나 풀기 위해(Active puzzle), 각 단원의 English master(Step by step)가 되기 위해 영어로 말한다.

교사의 역할은 이러한 영어 수업이 제대로 이루어지도록 전체 수업을 설계하고 각각의 PPP 모델에서 무엇을 할지 결정하는 것이다. 어떤 활동이 가장 Presentation을 원활하게 만들지, 어떤 Production 활동이 적당할지를 설계한다.

많은 선생님이 게임이 중요하다며 재미있는 게임을 마지막에 해야 제대로 된 영어 수업이라고 말한다. 학생들마저 수업 마지막에 게임을 안 하면 이상하다고까지 말하기도 한다. 이는 반은 맞고 반은 틀리다. 게임도 게임 나름이다. 주어진 목표언어를 연습하기 위한 게임을 해야 영어 수업의 의미가 있다. 학생들이 영어 표현을 유목적적으로 쓰기 위해 Production에 어울리는 게임이 효과가 크다.

영어만큼 게임과 어울리는 과목도 별로 없다. 학생이 자연스럽게 목표언어를 쓰거나 반복하면서 재미까지 같이 느낄 수 있는 수업 활동으로 게임만한 것도 없다. 'I like to play ~.' 패턴을 10번 강제로 반복시키는 것보다 보드게임 주사위를 굴려서 말이 멈추는 곳에 있는 문장을 자연스럽게 10번 읽는 게 더 재미있다.

게임을 자주 자연스럽게 하게 할 수 있는 과목은 영어뿐이지 않을까? 영어 교사에게는 이것이 분명한 장점이다. 학생들이 활발하게 즐기는 장면을 다른 교과 교사나 담임교사보다 자주 보기 때문이다. 하지만 게임을 자주 할 뿐이지 게임이 전부가 아니다. 게임은 학생의 주도적 영어 사용을 위한 여러 활동 중에 하나일 뿐이다.

영어 교사는 지식 전달자 못지않게 활동 설계자의 역할이 중요하다. 교사는 코스를 밟아 나가는 학생들을 관찰하고 옆에서 독려하는 촉진자(facilitator)다. Presentation, Practice를 할 때 주요 표현을 소개하고 반복시키는 트레이너(trainer)다. 때로 어려운 활동이 있으면 Chunk down(단어의 양을 낮춤)을 해주는 조절자다.

무엇보다 중요한 것이 바로 영어 교사는 동기유발자(motivator)라는 것이다. 학생들이 배울 영어가 실생활에서 어떻게 쓰이고 있는지를 보여주는 것 자체가 바로 동기유발이다. 단지 'This is a bathroom.'을 읽어주는 것보다 미국 드라마 〈빅뱅이론〉에서 화장실을 소개하는 짧막한 영상을 보여주는 게 더 효과가 있다.

2

영어 수업, 다른 교과 수업보다 뭐가 더 좋을까?

 심리학에 '동기-위생 이론(Motivation-Hygiene theory)'이 란 말이 있다. 허즈버그(Herzbug)가 설명한 이 이론은 직 무에 만족을 느끼는 요인과 불만족을 느끼게 하는 요인은 서로 다르며, 각 요 인이 서로에게 영향을 주지 않는다는 것이 골자다.

우리가 어떤 일을 할 때 그 일의 만족도를 높이는 요인에는 주로 성취, 인 정, 일 자체, 책임, 성장 등이 있다. 반대로 불만족을 높이는 요인에는 수업 준 비 시간, 학생의 안전에 대한 염려, 동료와의 관계, 승진 여부, 월급 액수, 학교 정책이나 행정적인 업무 등이 있다. 이 두 요인이 서로 연관되어 있지 않다는 것이다. 즉 아무리 열심히 일해서 성취도가 높고 보람도 높다고 한들, 월급이 적으면 결국 그 직업을 좋아하기 쉽지 않다는 것이다. 학교에서 공문 처리하 느라 바쁘면 내 수업이 만족스러워도 전반적인 내 직업에 대한 만족도는 좋을 수가 없다.

영어 교과는 그런 면에서 만족 요인이 많다. 영어 수업은 그 자체만으로도 타 수업보다 활동 자체가 활발하여 수업을 진행하는 교사도 즐거워진다. 수업

대부분이 게임 활동, 정보차 활동, 상호작용 활동을 포함한다. 가만히 앉아서 듣고 있는 수업이 별로 없다. 학생 참여가 기본이다. 그러기에 학생들은 다른 수업에 비해 영어 수업을 덜 지루해한다.

영어전담교사는 활기차게 활동하는 학생들을 자주 보게 마련이다. 역할놀이(Role play) 시간에 학생들이 영어로 된 대본을 받아 연습한 후 친구들 앞에서 발표를 한다. 그 역할에 심취되어 연기하는 학생을 보면 나도 같이 웃을 때가 많다. 학생들도 즐거워한다. 쿵푸팬더 역할을 맡은 친구가 마스터에게 가서 무릎을 꿇고 그 아이 바짓가랑이를 잡으며 "Please be my teacher."라고 말하면, 수줍어하던 친구가 몸을 쭈뼛쭈뼛하면서도 "No. No. No."를 끊어서 말할 때 난 관객이 되어 그 장면을 즐겁게 바라본다. 자신이 깔아놓은 판에서 학생들이 즐겁게 활동하는 모습을 보고 흡족해하지 않을 교사가 어디 있겠는가?

영어만큼 학습목표를 성취할 확률이 높은 과목도 없다. 〈Find your mate〉 활동을 하면 학생들은 'What will you do this weekend?'라는 질문을 열심히 하고 다닌다. 이 수업은 'What will you do ~?'라는 질문에 'I will ~.'라고 답하는 speaking을 하는 것이 목표다. 학생들은 카드를 들고 다니면서 친구들과 역동적으로 대화한다. 친구를 찾은 학생은 "OK."라고 말하고, 다른 카드를 받고 또 친구를 찾는다. 돌아다니는 걸 좋아하는 학생은 눈에 불을 켜고 찾아 나선다.

학생들이 'What will you do ~?' 표현을 말하는 데 익숙해지는 모습을 보고 교사는 '오늘 학습목표를 달성했네. 그것도 아이들의 즐거움과 함께.'라며 흡족해한다. 그것만으로도 교사로서 해야 할 상당수의 임무는 완수된다. 하지만 학습 성취가 안 되는 느린학습자 학생들은 안타깝다. 하지만 그 학생들도 느리지만 조금씩 영어 말하기 실력이 늘어갈 때 더욱 보람을 느낀다.

영어 수업은 학생 참여를 기반으로 하고 반복이 많다. 특정 상황 속에서 대화를 인식하고 연습하며 사용해보는 것이 기본이다. 군이 교과 학습목표에서의 지적 인식 전환 등을 가르칠 필요가 없다. 사회 과목의 〈경제 교류를 하면서 생기는 문제점과 해결 방안을 알아보자〉와 같은 학습목표는 영어 수업에 없다. 주제도 모두 일상 속에서 접하는 대화나 간단한 글을 대상으로 하므로 콘텐츠 자체가 학생에게 낯설지 않다. 주어진 대화를 이해하고 숙달하는 과정을 잘 수행하면 수업은 종료된다.

영어 단어와 표현이 처음에는 생소하지만 이를 익히는 과정이 곧 수업이다. 수업 중 대다수 학생이 능동적으로 참여하면 제대로 참여하지 않는 학생이 더 도드라져 보인다. 그런 학생들에게 교사가 다가가 피드백을 주기도 좋다. 그래서 부진한 학생이 타 교과보다 몰입하게 되는 점도 교사로서 참 좋다.

영어는 학생도 학부모도 타 과목보다 좀 더 관심 있는 교과다. 이 점은 우리나라, 아니 전 세계적으로도 마찬가지이다. 학생, 학부모 모두 관심이 많다는 것은 영어만큼은 잘해야 한다는 인식이 주류라는 것을 의미한다. 그래서 다른 교과에 비해 학생들이 좀 더 준비된 경우가 많고, 영어에 대해 긍정적으로 생각하는 학생이 많다.

영어 자체를 좋아하는 학생도 생각보다 많다. 그 학생들의 잠재력을 조금만 건드려주거나 칭찬해주면 조금 더 수업에 긍정적으로 참여한다. 영어를 잘하고 싶은 학생이 많아지고, 몇몇 학생은 영어 시간에 자신이 이미 알고 있는 표현들을 뽐내고 싶어한다. 물론 영어 학원에 다니는 학생이 많아서 그렇다는 것은 슬프지만 맞는 얘기다.

영어는 상당수 전담교사가 가르치는 과목이다. 그만큼 담임교사가 가르치기에 어려움을 느끼는 과목이란 의미이다. 대부분 학교에서 영어만을 가르치는 전담교사가 있다는 점에서 학부모나 선생님마다 호불호가 갈린다. 솔직히 난 좋은 점이 더 많다고 보는데, 오롯이 정해진 시간 40분 동안 학생들을 잘 책임지면 되기 때문이다.

영어전담교사는 쉬는 시간과 점심시간에 학생 관리, 때로는 학생 간의 다툼도 해결해야 하는 담임교사보다 훨씬 마음의 여유가 있다. 담임교사는 교사에게 부담되는 학부모 상담뿐만 아니라 수업에 관심 없이 멍한 학생 및 친구들에게 시비 거는 학생들을 하루 4~6차시 동안 지도해야 한다.

하지만 영어전담교사는 학부모와 상담할 일이 드물다. 학급을 경영할 필요도, 담임교사로서 해야 하는 각종 잡무도, 교과 수업 외에 학생의 행동특성 및 종합의견 관리, 체험학습 진행 및 각 교과 재구성을 할 일도 없다.

수업 준비는 어떤가. 영어전담교사로 여러 반을 가르치게 되면 하나의 수업을 공들여 준비한다. 그 수업을 여러 반에서 반복하므로 수업 준비 부담이 크게 줄어든다. 첫 번째 수업을 하고 나면 거기서 장점을 부각하고 시행착오를 줄여나간다. 가면 갈수록 수업이 더 매끄러워진다.

영어 수업의 내용은 각기 달라도 그 구조는 단원별로 반복된다. 각 단원에도 공통으로 적용할 수 있는 활동이 많다. 2단원에 썼던 보드게임 포맷을 7단원에 그대로 쓰기도 한다. 단원별 역할놀이는 대본만 다르다.

학생 안전 관리는 어떤가. 가장 많은 전담 교과로 지정되는 과학을 보자. 학생이 실험도구를 다루다가 다치거나 알코올램프로 불을 피우는 등 위험 상황이 곳곳에 숨어 있다. 체육 교과는 학생들이 운동하다가 다칠까 봐 늘 걱정이다. 자기 자식을 과보호하는 학부모들이 학생 안전에 대한 책임을 따지는 상황이 자주 벌어지기도 한다.

이에 비해 영어 교과는 안전이 위협받을 일이 상대적으로 적다. 언어를 배우므로 실험도 없거니와 신체 활동도 제한적이다. 도구를 격렬히 다루지도 않는다.

이렇게 볼 때 영어 교과는 가르치면서 느끼는 보람을 갖기도, 목표를 달성하기에도 수월하다. 물론 영어 교과가 갖는 단점이 없지는 않다. 하지만 그 단점을 단점대로 인정한다고 해도 장점은 다른 교과보다 분명하며 다르다.

학생들이 눈빛이 초롱초롱 빛나고, 학생들이 기다리는 수업을 하는 일이 많아지면 교사의 기분도 좋아진다. 그런 즐거움을 느끼며 수업하는 영어전담교사가 충분히 될 수 있다.

3

영어로 하는 영어 수업,
어떻게 하나?

A 교사: 한국말로 하는 수업	B 교사: 영어(TEE)로 하는 수업
자, 책 36쪽 펴자.	Open your book to page 36.
남자는 캐빈 따라 말하고, 여자는 하나 따라 말하자.	Boys, repeat after Kevin. Girls, repeat after Hana.
우아, 너 (역할놀이) 연기 진짜 잘한다.	Wow! You are good at acting!

A 교사가 똑같은 수업을 한 번은 영어 위주로 가르치고, 한 번은 한국말 위주로 가르쳤을 때 어떤 차이가 있을까? 학생들은 어떻게 받아들일까? 난 영어 교사니까 영어를 사용하는 게 좋을까? 난 영어를 잘 못하는데 굳이 영어로 수업을 해야 할까?

영어로 말하는 수업은 'Teaching English in English', 즉 TEE라고 불린다. TEE를 하는 것은 학생들의 듣기 능력 신장에 도움을 주고, 학생들이 영어에 대한 흥미도를 올리는 데 기여한다고 한다(김주경, 조윤경, 2011). TEE가 쉬운 건 아니다. 학생들에게 지시, 설명, 권유, 안내하는 말을 영어로 상당수 바꿔 말해야 한다. 교사 개인의 노력이 없으면 할 수가 없다. 열심히 노력한다고 해도 연습하지 않은 표현을 영어로 말하는 것은 부담이 된다. 그럼에도 TEE가 왜 강조되고 있고 왜 좋을까?

TEE를 안 하고 한국말 위주의 영어 수업을 하면 마치 영어가 수업의 외부에 있는 것 같은 느낌을 준다. 교사는 학생들을 이끌고 유도하여 오늘 배우는 영어라는 산의 정상을 향해 간다.

TEE를 하면 교사는 이미 영어를 사용하는 사람이다. 학생들은 영어 교육의 환경 속에서 영어를 배운다는 느낌을 받는다. 학생들은 원어민 교사의 수업만큼은 아니더라도 교사의 말에 집중하게 된다.

영어를 사용하는 사람이 영어를 가르치면 학생들은 영어라는 과목을 좀 더 의미 있게 받아들인다. 난 영어 수업 첫날과 둘째 날에 최대한 영어를 많이 사용하고자 노력한다. 학생들은 의아해하고 이해가 안 된다는 표정이 생긴다. 물론 그때그때 내가 했던 영어 표현을 한국말로 다시 설명한다. 그제야 학생들은 고개를 끄덕인다.

학생들도 선생님이 한 말을 자기가 이해하지 못하는 것에 불편할 수밖에 없다. 학생들이 영어를 잘하는 교사의 수업을 듣는다는 인식을 하는 것이 중요하다. 영어 교사에 대한 신뢰가 쌓일 수밖에 없다.

교사가 TEE를 자주 쓰면 쓸수록 학생들은 그 표현에 익숙해질 수밖에 없고, 영어에 대한 태도가 달라진다. 난 영어 시험을 볼 때 'No talking, No cheating.'이라고 말하고 학생들에게 따라 하게 한다. 그런데 쓰기 중심 수업에서 학생 개인별로 쓰기 활동을 하는데, 한 학생이 친구 쪽으로 고개를 돌리려고 하니까 그 학생 입에서 'No cheating.'이란 말이 나왔다. 아주 짧은 순간이었지만 내가 했던 영어를 학생이 자연스럽게 사용하는 장면이었기에 놀라웠다.

'Read aloud'란 표현은 학생들이 크게 말하도록 할 때 사용한다. 학생들이 이 말을 처음에는 이해하지 못한다. 난 칠판에 작은 얼굴로 작게 말하는 사람을 그리면서 "Read silently."라고 말했다. 그리고 칠판에 아주 큰 얼굴의 사람을 그리고 그 사람이 크게 말하는 걸 그려서 "Read aloud."라고 말했다. 그 이후 이 말을 이해하지 못하는 학생은 없었다.

TEE는 학생들이 자연스럽게 영어를 이해하는 데 도움이 된다. TEE를 할 때 평소 반복해서 쓰는 표현이 무슨 뜻인지 일일이 알려주지 않아도 된다. 학기 중반이 지나면서 반복되는 TEE를 학생들이 자연스럽게 알아듣고 행동하게 된다. 물론 학기 초에는 알아듣지 못하는 학생이 많다. 하지만 이미 선행학습을 했거나 눈치 빠른 학생들은 TEE를 이해하고 행동으로 옮긴다. 그런 친구들을 보고 그렇게 하는구나 하고 다른 학생들도 따라서 그 행동을 하거나 말을 하게 된다.

물론 학생들에게 평소에 말하지 않았던 영어 표현은 자주 한국말로 해석을 해준다. 한국말 해석은 느린학습자들을 위해서라도 해줘야 한다. 단, 먼저 한국말 해석을 최대한 줄여야 한다. 한국말 해석은 TEE를 이해하려는 노력이 행해진 후에 한다.

TEE를 하는 것은 생각보다 그리 어려운 일이 아니다. 그 이유는 교사가 사용하는 말은 보통 단원별로 반복되기 때문이다. 1차시는 듣기와 관련되어 있다. 교사는 'Repeat after me. Listen carefully.'란 말을 반복하게 된다.

4차시는 주로 쓰기다. 이때는 'Follow the directions. Let's read the patterns. Write the rest of sentences.'란 말을 자주 쓸 수밖에 없다. 4~5

단원 정도 되면 상당수 학생이 단원의 전체적인 흐름을 자기도 모르게 인식하게 된다. 이러다 보면 교사의 영어 표현과 학생 자신들이 해야 하는 행동을 자연스럽게 연결을 짓는다.

TEE를 하면 교사의 영어 말하기 실력도 일정 부분 함께 늘게 된다. 처음에는 'How are you, everyone? Look at me. Are you done?' 같은 자주 반복되는 표현으로 하게 된다. 하지만 좀 더 관심을 가지고 의도적으로 교사가 사용하게 되면 세부적 표현, 즉 'Try saying ~, please. Don't be nervous. I'll help you.' 등 다양한 표현으로 말할 수 있다.

TEE의 교사 영어는 고정적으로 자주 쓰는 문장과 상황에 따른 유동적인 문장으로 나뉜다. 상황 속 이야기들은 순간적으로 교사가 영작하여 표현해야 한다. 처음에는 비문도 많고 문법적 오류가 있을지 모른다. 그래도 이런 시도를 꾸준히 하다 보면 어느 순간 자기의 생각을 영어로 표현하는 자신을 발견할 수 있다. 물론 비고정적 문장은 학생들에게 한국말로 해석을 붙여 주는 것이 좋다.

TEE가 익숙해지면 수업 집중도가 높아진다. 난 TEE를 집중적으로 학기 초 2차시를 한 후에 3차시부터는 "English Only Classroom!"이라고 선언한다. 학생들은 당황한다. "아니, 어떻게 영어로만 말해요?"라는 불만이 생긴다. 난 이때 이렇게 답한다. "한국말은 영어 교실 밖에서 많이 하세요. 그리고 여기서는 영어만 써야 합니다. 단, 영어로 표현할 수 없을 때만 한국말을 쓰세요." 이는 잡담을 한국말로 하지 말라는 의미도 있다.

학생들은 "그럼 영어로 친구랑 떠들어도 돼요?"라고 다시 묻는다. 난 "그래 어디 한번 해보세요."라고 말한다. 그 이후는 학생 통제가 쉽다. 학생들이 수업에 집중하지 않고 자기들끼리 수군거리면 "No Korean." 또는 "English only."라고 말하면 된다.

이런 과정을 거치면서 잡담하는 학생이 크게 줄었다. 어떤 학생들은 "선생님도 수업하다가 한국말 쓰잖아요."라고 한다. 그러면 난 "If you can understand all of my words, I don't have to talk in Korean."이라고 말하고, 다시 "여러분이 선생님 말을 다 이해하면 굳이 한국말을 쓸 필요가 없지요. 여러분을 이해시키기 위한 한국말은 어쩔 수 없어요."라고 대답한다. 그 이후로 영어 수업 시간에 집중도가 많이 좋아졌다.

그렇다면 모든 영어 교사에게 TEE는 필수인가? 그것은 아니다. 하지만 적극적으로 권하고 싶다. 영어에 관심이 많거나 기본 실력이 있는 분들은 유리한 게 사실이다. 초등교사 중 영어와 담을 쌓고 살아왔으며, 중고등학교와 대학교에서 배운 것만이 기본 바탕 영어 실력이라고 말하는 분도 있다. 하지만 가랑비에 옷 젖듯이 조금씩 TEE를 연습하다 보면, 수업 자체가 영어로 조금씩 물들 것이다.

TEE는 전문적인 영어로 할 필요는 없다. 학생들에게 너무 어려운 말은 할 필요도, 해서도 안 된다. 조금씩 조금씩 연습하다 보면 어느새 자연스럽게 영어로 수업을 진행하는 자신의 모습을 볼 수 있을 것이다.

TEE를 잘하기 위해 교사 개인이 할 수 있는 연습 방법은 다음과 같다. 먼저 한국어로 하는 영어 수업을 녹음한다. 수업은 한국말로 쉽게 한다. 그다음에 녹음한 수업을 들으며 영어로 표현하고 싶은 말을 인터넷 번역기로 돌린다. 그리고 이를 적어둔다. 적어둔 내용을 보며 문장을 반복적으로 영어로 말해본다. 그 문장이 익숙해지면 자신이 자주 쓰는 말을 번역하고 이를 또 말한다. 이렇게 여러 번 하다 보면 기본적이고 반복되는 영어 문장을 자신의 것으로 만들 수 있다.

또 다른 방법은 《교실영어 표현사전》과 같은 TEE 관련 책을 보고 영어로 문장을 만들어 보는 연습을 하는 것이다. 한 수업당 한두 개만 영어로 더 말하자고 마음먹는다. TEE는 반복되는 문장이 많다. 한번 익숙해지면 계속 활용할 수 있다.

나의 일상 영어 회화 실력이 조금씩 성장한다. 자신감 가지고 틀려도 괜찮다는 생각으로 도전하자.

4

교사의 영어 실력과 수업 능력, 무슨 관계?

 초등 영어 수업 연수에서 나이가 50대 중반은 넘어 보이는 여자 선생님이 간단한 영어 수업을 실연했다. 그 여자 선생님은 학생이 있다고 생각하고 마이크로 티칭(Micro-Teaching)으로 수업을 진행했다. 그분은 평소에는 조용하고 차분하다고 했는데, 수업 실연을 시작하면서 모습이 180도 바뀌었다. 몸짓 하나하나에 자신감과 절도가 있었다. 연수에 참가한 교사 한 명 한 명을 바라보는 눈이 명확했고 바른 자세를 잡으려는 모습이 역력했다. 그리고 간단한 영어로 주의를 환기하더니 게임 방법을 영어로 설명하기 시작했다. 나도 모르게 그 수업에 학생이 되어 갔다. 게임 방법을 설명할 때도 명확하고 간단한 영어를 구사했다.

수업 실연이 끝나자 그분은 원래 조용하고 수더분한 모습으로 다시 바뀌었다. 마치 연극배우가 연극을 마치고 자기 본래의 모습으로 나온 사람 같았다. 그때 그분이 사용한 교실 영어는 그렇게 복잡한 것도 없었다. 영어로 설명하기 어려운 것은 중간중간에 한국말로 하기도 했다. 하지만 그분이 보여준 단호함, 친절한 제스처, 명확함, 기품은 지금도 생생히 기억한다.

좋은 영어 실력은 영어 수업에 분명 도움이 된다. 학생들에게 영어를 가르칠 때 자신 있게 말할 수 있고, 영어 자료를 인터넷에서 수집할 때도 도움이 된다. 하지만 좋은 영어 실력이 결코 좋은 영어 수업을 보장하지는 않는다. 영어 실력이 좋더라도 영어 수업 진행이 제대로 안 되는 경우가 많다. 한국에 온 지 얼마 안 된 원어민 교사 중 영어 수업을 잘하는 사람은 생각보다 많지 않은 것과 마찬가지다.

우리가 초등학생에게 가르치는 건 영어의 기초 의사소통능력과 관련된 언어들이다. Discussion이나 Debate 수준이 아닌 가장 일상적이고 기초적인 목표언어를 가르치는 것이다. 그것을 효율적이고 즐겁게, 그리고 학생들이 몰입하도록 어떻게 수업을 설계하고 실연하느냐가 우리의 전문성이다. 물론 중간중간에 핵심적인 지시와 설명 등을 영어로 표현하는 것은 중요하다. 그 이상의 영어 실력은 보너스다.

교사는 수업을 풍성하게 만들고 학생들이 자연스럽게 영어를 받아들이도록 해야 한다. 화려한 교실 영어 실력이 있어도 영어 수업 진행 자체를 잘해 나가지 못하면 그만큼 속 빈 강정도 없다.

그렇다면 영어 수업을 열심히 하다 보면 내 영어 실력도 향상될까? 영어 초보인 경우는 실력 향상에 도움이 된다. 목표언어를 학생들이 말할 수 있도록 설명하고 따라 하게 만들기 때문에 교사 본인도 영어 실력이 일정 부분 늘게 된다. 과거 내가 배웠던 영어 말하기, 듣기, 읽기, 쓰기 실력이 지금 학생들이 배우는 5, 6학년 수준보다는 분명 높다. 그런데 왜 우리는 아직도 영어를 제대로 하지 못하는가? 그 이유는 우리가 능동적으로 영어를 사용하지 않았기 때문이다.

좋은 연장도 쓰지 않으면 녹이 슨다. 영어라는 도구를 쓴 지 오래되었기 때문에 평소 꾸준한 노력 없이는 잘할 수 없다. 천재교육 5학년 교과서 11단원을 보면 'I want to be a ~.'라는 패턴이 나온다. 그 패턴에 이어 'I want to be a comedian. I want to make people happy.'라는 문장이 뒤따른다. 별로 어려운 문장은 아니다. 하지만 이것을 스스로 말해본 경험이 없으면 아무리 읽기 쉬워도 실제 상황에서 이 문장을 입으로 내뱉기 어렵다. 여러 번 입 밖으로 내뱉어 보면 이 문장은 자신의 것이 된다. 'make 사역동사의 5형식 문장이므로 목적어 people에 목적보어 happy가 붙는다'는 문법도 별 의미가 없다. 이 문장을 아는 것과 사용해보는 것과는 큰 차이가 있다.

이런 간단한 문장을 가르쳐야 하므로 학생들의 입에서 나오게, 글로 나오게 만들려면 교사부터 그렇게 해야 한다. 그러다 보면 자신도 모르게 'I want to make people happy.'가 쉽게 입에 붙는다. 이런 기본적인 문장을 말하는 실력은 더 높은 수준의 영어를 구사하는 데 도움이 된다.

하지만 그 이상은 어렵다. 현재 초등학교 5, 6학년의 영어 수준은 원어민이 가르치는 어린이집, 유치원생의 언어 사용 수준 정도밖에 안 되는 것으로 보인다. 네이티브 성인과의 원활한 대화를 원한다면, 초등학교 영어 수업에서 교실 영어를 아무리 잘 쓴다고 해도 큰 무리가 있다.

더 수준 높은 영어 실력을 기르기 위해서는 결국 스스로 또 다른 노력을 할 수밖에 없다. 영어를 잘한다는 건 더 관용적인 표현, 더 세밀한 표현을 이해하고 말하는 것을 의미한다. level 4가 level 3보다 1.5배 어렵다면 level 5는 level 4보다 2배 어렵다. 하지만 우리가 원하는 것은 일상적인 폭넓은 대화를 할 수 있는 영어 교사임과 동시에 영어 사용자다. 영어 실력을 늘리는 것은 교사 자신의 끊임없는 노력의 영역이다. 영어 수업이 이에 좋은 동기유발이 되는 건 확실하다.

영어 수업 실력을 늘리려면 어떻게 해야 할까? 이는 영어 수업이 이루어지는 작동 방식과 원리를 전반적으로 이해하고, 전략별로 어떻게 해야 하는지를 익히면 된다. 일반적인 수업은 그 자체가 종합예술이다. 너무나 많은 변수와 요소가 혼합되어 있다. 때로는 다양한 변수 때문에 교사의 예상을 벗어난 수업이 전개되기도 한다. 하지만 영어 수업은 변수가 적다. 영어 수업은 목표언어를 익히는 시간이다. 학생에게 특정한 가치나 지식을 일깨우는 것, 이해시키는 것, 적용하는 것과는 다르다. 학생이 충분히 목표언어를 인식하고 연습하면서 사용하게 해주면 된다.

영어 수업은 이 과정들이 단계별로 잘 나누어져 있다. 그러므로 영어 수업 실력은 자신의 노력을 꾸준히 쌓아나가며 늘릴 수 있다. 이런 것들이 자신만의 루틴을 만들어 내고, 이런 노력은 결국 자신감이 되어 더욱 당당하게 교실 앞에 나를 서게 만든다.

5

내년에는 영어전담교사

 매년 12월이 되면 동료 교사들에게 물어보는 단골 질문이 있다. "선생님, 내년에 몇 학년 담당할 거예요?"

담임교사가 대다수인 초등교사들은 이 질문에 "저 영어 전담할 건데요."라고 대답하는 경우가 적은 편이다. 최근에는 늘어나는 추세지만, 영어전담교사는 선망의 대상이기도 하고, 원치 않는 분위기도 존재한다.

학교에서는 전담 교과를 정할 때 보통 각 학년 담임교사가 원하는 과목을 우선 고려한다. 영어가 전담 교과로 지정되지 않으면 담임교사가 영어를 가르쳐야 하므로 부담이 크다. 이에 영어는 전담 교과로 가장 지정이 많이 되는 과목이다. 하지만 영어전담교사를 하는 것 자체가 점점 어려워지는 것 또한 사실이다.

요즘에는 민주적인 절차에 의해 차후 연도의 학년, 전담을 결정하는 경우가 많다. 인사위원회를 거쳐서 학년 및 보직을 결정하는 학교도 점점 늘어나고 있다. 학교 입장에서는 담임교사가 학기 중에 바뀌는 것을 최대한 피하고자 한다. 그러므로 결원이 났을 때 기간제 교사를 구하기 쉬운 자리를 전담교사로 우선 배정하는 것을 선호한다. 담임이 중간에 바뀔 가능성이 큰 육아휴직자, 병역휴직자, 복직 예정자를 전담교사로 두는 경우가 대부분이다. 중간에 결원이 생겨도 중등교사 채용이 가능한 전담 교과 자리를 우선 배정하는 경향이 높다. 그런 면에서 중등교사 출신 기간제 교사가 잘 구해지는 영어전담교사 자리를 만드는 게 일반적이다.

영어전담교사를 하기 위해서는 학교의 학년과 업무 배정 방법을 우선 살펴봐야 한다. 일반적으로 대도시의 큰 학교는 전담교사 수가 많다. 최근 학부모들과의 갈등, 생활지도의 어려움이 가중되면서 담임교사보다 전담교사를 선호하는 선생님이 늘고 있다. 그중 영어전담교사는 젊은 층의 선생님들이 더 선호한다. 영어에 관심이 많은 선생님이 젊은 층에 많은 건 사실이다. 3~6학년 18학급 이상의 학교에는 최소한 2명의 영어전담교사가 있기 마련이다.

영어전담교사가 되기 위해서는 먼저 영어 수업에 대한 관심을 대외적으로 피력하는 것이 중요하다. 교실 영어 수업 개선 관련 연수를 듣거나, 영어 교육 관련 대학원을 수강하거나, TESOL 과정을 들으면서 자신이 영어전담교사가 되기 위해 준비하는 모습을 관리자나 같은 학년 선생님들에게 어필하는 것이 좋다. 이를 관리자에게 미리 이야기해두고, 내년에는 영어전담교사가 되고 싶다고 말하자. 관리자가 이 선생님은 영어 교육에 관심이 많고 뜻이 있다고 생각하도록 하는 것이 좋다.

다른 선생님보다 조금 더 어려운 업무를 맡으면서 대신 영어전담교사가 되길 원한다고 말하는 것도 하나의 방법이다. 조금 더 간절하다면 영어전담교사를 맡으면서 다른 교과도 맡을 수 있다는 허용적 태도를 보이는 것도 중요하다. 전담 교과로 영어를 맡으면서 도덕과 같은 교과도 맡을 수 있다고 말해두자. 관리자 입장에서는 '이 선생님이 영어만 고집하지 않는구나'라고 생각하며 좀 더 자유롭게 전담 교과를 편성할 수 있다. 때에 따라서는 교육청에서 주관하는 영어심화연수를 다녀와서 영어전담교사로 몇 년을 필수로 근무해야 할 수도 있다.

그밖에 각 학교의 인사규정을 살펴봐서 차후 연도에 학년이나 업무를 고르기에 유리할 수 있도록 점수가 높은(보통은 선생님들이 하기 어렵다고 여기는) 학년과 업무를 미리 준비해서 발언권을 높이는 방법도 있다. 아무리 영어 수업을 잘하는 선생님이라도 학교 내 인사위원회에서 정한 규정대로 학년과 업무를 배정한다면 그것을 이길 수 없기 때문이다.

나는 2009년부터 2012년까지 전체 6학급만 있는 시골 학교에서 근무했다. 6학급이다 보니 전담교사는 딱 1명이었는데 그게 나였다. 3학년부터 6학년까지 영어, 과학을 4년간 지도했다. 한 학년에 한 반만 있다 보니 모든 수업이 다 달랐기에 지도 계획을 재활용할 수 없었다. 3학년 영어부터 6학년 영어까지 모두 다른 수업, 다른 차시였다.

과학도 마찬가지였다. 과학실무사도 없이 나 혼자 과학 수업 준비뿐만 아니라 실험도구까지 챙겨야 했다. 하루하루 수업 준비가 만만치 않았다. 학교에 유일한 교과전담교사인 내가 영어만 가르치겠다고 말할 수도 없었고, 그렇게 고집부릴 상황도 아니었다. 하지만 그런 상황 속에서도 원어민 관리, 영어 특성화 교과 수업 등을 진행해나갔다. 그때 영어만 고집했다면 영어전담교사를 맡을 수 없었을 뿐만 아니라 영어에 관심을 가지지 못했을 것이다.

내가 원하는 게 있으면 그만큼 상황에 따라 무언가를 잃어줄 수 있어야 한다. 그 당시 상황은 힘들겠지만 시간이 지나면 오히려 그 경험이 결국 자신에게 득이 돼서 돌아온다.

지난 10년간 영어 수업을 하면서 다른 과목을 빼고 오로지 영어만 가르친 기간은 2년밖에 되지 않는다. 나머지 기간에는 과학, 도덕, 창체 등 여러 과목을 함께 지도했다. 영어 수업에서 여러 성과를 보이기 시작하니 관리자들도 내가 영어전담교사를 하는 것을 자연스럽게 여겼다.

영어 교과를 가르친 10년 중 7년은 부장교사를 함께했다. 부장교사를 하다 보니 학교 행사나 행정업무에 몰두하게 되는 경우가 많았다. 하지만 영어 교과 수업 4년 차 정도가 되었을 때부터는 영어가 가장 익숙한 과목이었기 때문에 이를 병행하는 데에 시간이 갈수록 잘 적응되었다.

결론적으로 평소에 영어전담교사에 대한 열정과 관심을 드러내고, 이를 위해 영어 수업 능력을 향상하는 과정을 지속해야 한다. 이후 학교의 학년, 교과 배정이 어느 정도 맞으면 영어전담교사를 할 수 있다.

영어전담교사를 하는 대신 감당하게 되는 업무도 받아들일 수 있어야 한다. 관건은 학교의 학년, 교과 배정 시스템 또는 인사관리위원회 규정이다. 영어전담교사를 할 수 있는 능력이 있어도 나보다 영어전담교사를 오래 했고 실력을 인정받으며 인사위원회에서 더 높은 점수를 받아 전담 교과를 선점할 수 있는 선생님이 있다면, 그분을 제치고 영어전담교사가 되기는 쉽지 않다. 그래서 인사는 운(運)이 중요하다는 것이 맞는 말이다. 하지만 운에 맡기기 전에 평상시 꾸준히 노력해야 한다는 것 역시 맞는 말이다.

영어전담교사가 되기 위한 최소한의 조건

내가 초등학생에게 영어를 가르치는 게 가능할까? 난 평소 영어를 잘하지 못하는데, 외국인을 만나면 식은땀이 나는데, 나보다 영어 잘하는 선생님이 얼마나 많은데, 요즘에 영어 학원 다니는 애들이 부지기수인데, 내 발음이 좋은 편이 아닌데, 중학교 영어를 학원에서 선행으로 배우는 애들 앞에서 가르쳐야 하는데 어쩌지? 영어 수업하다가 밑천 다 드러나면 어쩌지? 영어 수업하다가 실수하면 어쩌지?

가능한 방법 한 가지를 찾는 것보다 안 되는 이유 백 가지를 찾는 게 쉽다고 한다. 영어전담교사에 관심은 있으나 쉽사리 시도하지 못하는 선생님들을 가끔 만난다. 물론 위의 걱정이 현실이 되어 나타날 때도 있다. 하지만 막상 영어를 가르치면 걱정은 말 그대로 기우인 경우가 많다. 초등학생에게 가르쳐야 하는 영어 교과 내용 자체가 그렇게 수준이 높지 않기 때문이다. 하지만 그렇다고 영어가 누구나 처음부터 잘 가르칠 수 있는 과목은 아니다. 영어전담교사가 되기 위한 최소한의 소양은 무엇일까?

일단 초등학교 영어의 수준을 가르칠 만한 기본 실력이 있어야 한다. 하지만 난 이 조건을 갖추지 못한 선생님은 거의 없다고 본다. 예를 들어보자. 천재 6학년 영어 교과서 〈Lesson 9. What Do You Think?〉 4차시 읽기 지문의 가장 긴 문장은 아래와 같다.

'You don't talk with your family often.'

그리고 같은 단원 2차시의 가장 긴 문장의 지문은 다음과 같다.

'Let's buy a present for her.'

위 문장의 해석이 어렵거나 혼란스러운 선생님은 없을 것이다. 2022 개정 교육과정의 초등 영어 과목의 내용 체계를 살펴보면, 기본 어휘 관련 지침에 따른 학습 어휘 수 300단어 이내의 표현만을 허용하고 있다.

한편 주요 문장과 글에 대한 6학년의 성취기준은 다음과 같다.

[6영02-06] 자신의 감정이나 의견, 경험이나 계획을 간단한 문장으로 표현한다.

[6영02-07] 일상생활 주제에 관한 담화나 글의 세부 정보를 간단한 문장으로 묻거나 답한다.

이처럼 초등학교 수준의 영어 의사소통능력은 매우 제한적이며, 교육대학교를 졸업한 선생님이라면 모두 초등 영어를 가르치기에 기본 소양은 갖춰져 있다고 보인다.

그다음 중요한 것이 영어 수업 준비에 필요한 시간 확보다. 영어 수업은 무엇보다 교재가 중요하지만 같이 제공되는 DVD(온라인) 콘텐츠도 중요하다. 모든 수업에 DVD에 있는 목표언어의 음성 파일과 동영상 자료 등이 매우 요긴하게 쓰인다. 지도서에 나와 있는 대로 수업하는 것도 좋지만, 좀 더 적극적으로 수업 마지막 활동의 게임, 정보차 활동 등을 스스로 발굴하는 시간이 필요하다. 교사용 지도서나 교과서에 등장하는 활동이 부족하거나 내가 원하는 활동이 아닌 경우가 많기 때문이다. 따라서 내가 생각하는 적절한 자료를 인터넷에서 찾거나 직접 만들어야 한다.

사실 담임교사에게는 하루에 4개에서 5개의 서로 다른 교과목 또는 차시를 준비하는 게 만만치 않다. 하지만 영어 교과는 서로 다른 차시일지라도 어느 정도 패턴이 있기 때문에 수업 준비 시간이 점점 줄어들고 익숙해진다.

교사의 영어 발음은 좋아야 하는가? 난 학기 초에 영어 수업 오리엔테이션을 4~5차시 동안 한다. 이때 영어 발음에 관한 유명한 동영상인 EBS의 〈언어 발달의 수수께끼〉라는 프로그램 일부를 학생들에게 보여준다. 프로그램에서는 부모님들이 한자리에 모여 앉아 TV 속 어떤 노신사의 영어 연설을 듣는다. 노신사의 음성은 나오지만 영상은 사진만 나온다. 노신사의 영어 발음은 왠지 촌스럽고 억양도 부자연스럽다. 부모님들은 하나같이 노신사가 영어를 잘 못하는 사람이라고 말한다. 자기의 자녀가 이 사람보다는 영어를 잘했으면 한다고 인터뷰를 한다.

그 이후 실제 영상을 보니 바로 반기문의 UN사무총장 수락 연설이었다. 충

<반기문 전 UN사무총장 연설 장면>　　출처: korea.net/한국문화정보원

청도 산골에서 사교육 없이 스스로 영어 공부를 했던 그의 영어 발음은 투박하지만 원어민들도 인정하는 고급 영어였다. 영어는 의사소통이 가장 중요하며, 그 의사소통 외에 발음이 매끄러운지 아닌지는 보너스란 이야기다.

※ EBS 언어 발달의 수수께끼
〈반기문 UN 사무총장의 연설_한국인과 외국인의 평가〉

이는 교사의 영어 발음과도 연관이 있다. 교사의 영어 발음이 어메리칸 스탠다드에 가깝지 않다고 해서 주눅 들 필요는 없다. 학생들이 배울 영어, 맞닥뜨릴 영어는 글로벌 잉글리쉬다. 미국 영어만으로 의사소통하는 시대는 이제 존재하지 않는다. 교사 스스로 발음에 자신감을 갖자.

우리가 다루는 영어 교과서에는 학생들이 따라 하며 말할 수 있는 음성 자료가 많다. 선생님을 따라서 읽게 하는 경우도 있지만, 대부분 교과서 영어 자료의 음성 파일을 따라서 말하게 하고 있다. 실제로 나도 학생들 앞에서 내 발음보다 교과서 음성 자료가 더 네이티브 발음에 가깝기 때문에 이것을 따라 말하자고 한다.

초등학교 영어의 목표언어는 음절이 짧으며 한 문장을 구성하는 단어 수가 많지 않다. 그러므로 교사의 영어 발음은 기본 수준이면 충분하다. 영어 수업에서 발음이 차지하는 비중은 생각보다 크지 않다. 그보다도 학생들과 어떤 활동을 하는가, 얼마나 학생을 활동에 집중하게 하는가, 그 기저에 어떤 규칙을 서로 준수하고 있는가가 더 중요하다. 교사의 발음은 처음에만 학생들이 호기심을 느낄 뿐, 어느 정도 적용된 후에는 별로 신경 쓰지 않는다.

당연한 이야기이지만 기본적으로 교사는 영어에 관심을 어느 정도 갖고 있어야 한다. 영어를 잘하는 것이 아니라 영어 자체에 관심을 가지고 좋아하는 모습을 보여주면 된다.

내가 좋아서 선택한 영어를 학생들에게 가르치는 교사와 그렇지 않은 교사의 수업이 다르다. 김종용(초등 영어전담교사의 교수 동기 변화에 관한 사례 연구, 서울교육대학교 교육전문대학원, p144, 2016)의 연구에 따르면 연구 참여자들의 내재적 동기(교과목 지식과 교수 능력 신장을 통한 성취감)는 교사의 교수 동기 변화에 가장 큰 영향을 준 요인이라고 한다.

교사 본인이 선호하는 과목에는 좀 더 관심을 기울이며 수업을 기획, 수행하게 되어 있다. 내가 좋아하는 영어라는 과목을 통해 학생들이 영어를 잘할 수 있게 될 때 교사는 뿌듯함을 느낀다. 나아가 학생들이 교사를 통해서 영어를 더 좋아하게 될 때 교사는 성취감을 느낀다. 결국 이런 것이 영어 수업의 큰 보람으로 쌓여 간다.

※ 영어전담교사, 기회가 온다

영어전담교사는 영어 수업을 하는 것이 주목적이지만, 다른 교과와 다르게 교육청에서 글로벌 교육의 일환으로 실시하는 여러 사업 지원에 용이하다. 물론 이런 기회가 영어전담교사에게만 열려 있는 것은 아니지만, 현재 영어전담교사가 다른 교사에 비해 유리한 경우가 더 많다.

▶ 영어 교육 심화 연수

양질의 영어 수업을 할 수 있는 교사가 많아지도록 각 시도교육청도 힘쓰고 있다. 시도교육청에는 외국어교육원 또는 국제교육원이 부설기관으로 있는 경우가 많다. 이런 기관들이 교사 대상 각종 영어 연수를 주관하고 있다. 경기도교육청에서는 경기도국제교육원 주관으로 초등 영어 수업 역량 강화 연수를 진행한다. 이때 각 원어민들이 디지털 미디어 리터러시부터 게임 크래프터 과정까지 영어 수업 전반에 걸쳐 영어로 연수를 실시한다. 이러한 영어 수업을 온오프라인으로 참여할 수 있다.

영어 교육 심화 연수의 형태는 교육청별로 다르다. 어떤 교육청에서는 집체교육을 기본으로 하고, 어떤 교육청은 온라인 연수를 중심으로 한다. 연수도 15시간에서 60시간까지 각각 다르다. 이런 영어 교육 심화 연수의 우선 대상자는 보통 현재 영어전담교사인 경우가 많다. 연수에 참가하면 견문이 조금씩 넓어진다. 무엇보다도 영어에 관심 많은 선생님을 연수에서 만날 수 있다. 그들의 열정을 마주하며 나 또한 영어에 대한 열정에 불이 붙는다.

▶ 교육청 주관 각종 해외 영어 연수

영어를 공용어로 사용하는 나라에서 현지 대학교수에게 영어를 배우고 영어로 현지인과 이야기하면서 그 나라의 문화를 자비를 들이지 않고 체험할 수 있다. 교육청별로 초등교사의 영어 교수 능력 신장을 위해 영어 심화 연수를 진행하고 있다. 울산시교육청은 영어 수업 혁신 차원으로 영어권 나라에 교사 연수를 보내고 있다. 특히 매년 차이는 있지만, 해외 연수를 동반한 영어 심화 연수가 이루어지는 경우가 많다.

영어 심화 연수 대상국은 미국, 캐나다, 호주, 싱가포르 등 영어를 주로 쓰는 선진국이 대부분이다. 20~30일 정도 해외 대학에서 어학 연수 코스를 밟으며 기숙사에서 지내는 경우가 많다. 홈스테이를 제공하는 곳도 있다. 영어 교육 선도 교사가 많은 만큼 토익, 텝스 등 어학 시험 점수가 선발 조건인 경우가 많다. 무엇보다 영어전담교사가 가점이 많다. 영어 심화 연수 자체가 교사들의 영어 수업 능력 향상에 초점을 맞추기 때문이다. 시도교육청별로 이런 연수가 있는지 확인해보자.

▶ 원어민 교사와의 협업

원어민 교사가 모든 학교에 배치되어 있는 것은 아니지만, 원어민 교사와 수업을 같이 준비하거나 프로그램을 함께 진행하게 되면 자신의 영어 의사소통 실력은 한층 더 향상될 기회가 열린다. 영어를 잘하든 못하든 영어 실력을 늘리고자 하는 마음과 실행력만 있으면 영어 실력을 늘릴 수 있는 절호의 기회이다.

물론 원어민 교사와 영어전담교사가 함께 일한다는 것은 녹록지 않다. 원어민마다 문화가 다르며, 수업을 대하는 태도나 실력이 천차만별이다. 하지만 그들을 통해 내 영어 실력이 향상된다면 좀 더 적극적이고 허용적이야 한다.

영어전담교사는 보통 원어민 관리업무를 맡게 된다. 원어민 채용, 출입국

관리, 원어민 거주지 구하는 데 협력하기, 퇴직 관리 등의 행정업무도 처리해야 한다. 이밖에도 그들이 한국에 살면서 영어전담교사에게 부탁하는 숨어 있는 업무들이 있다. 때론 그들이 사는 집의 보일러 작동방법을 알려주거나 거주지 주변 갈 만한 식당, 마트를 추천해 주기도 한다. 이런 시시콜콜한 일도 다 영어로 묻고 답해야 한다. 나아가 함께 밥을 먹는다거나 퇴근 후 맥주 한잔 기울이는 것도 결국 내 영어를 신장시키는 데 알게 모르게 좋은 기회가 된다.

▶ 시도교육청, 지역교육지원청 주관 영어교육지원단 참여

시도교육청별 또는 지역교육지원청별로 영어 교육 관련 업무 및 사업이 있다. 보통 담당 장학사의 주도로 영어 교육 관련 지원단을 운영하는 교육청이 많다. 이 지원단에 들어가게 되면 각종 영어 관련 교육청 사업에 참여할 수 있다. 이런 사업에 참여하면 영어에 관심 있는 선생님들을 만나게 되고, 함께 팀으로 여러 일을 하게 된다. 자연스럽게 이 선생님들과 함께 많은 도움을 주고받을 수 있다.

교육청 행사에 참여하면 위촉장이나 강사료를 받게 된다. 이후 이런 실적이 영어 교육 전문가가 되길 원하는 사람에게는 좋은 경력 사항으로 작용하게 된다. 또한 각종 국제교사교류사업 등에도 실적으로 사용 가능하게 된다.

▶ 국제기구 교사 교류 참여

교육부 주최 유네스코 아시아태평양국제교육원이 주관하여 글로벌교육 아태지역 교사 교류를 매년 실시하고 있다. 동남아시아의 주요 교류 대상국에 2~3개월 동안 체류하며 해당 학교의 학생들을 지도하는 사업이다. 자신의 전공 교과, 자국어 등을 가르친다.

주요 교류 대상국은 말레이시아, 필리핀, 몽고 등이다. 이때도 영어전담교사가 유리한 것은 사실이다. 비영어권국가이긴 하지만 이곳에서 현지 통역가

나 사람들과 사용할 수 있는 말이 영어이다. 꼭 영어를 사용하지 않더라도 해외 근무를 체험하는 것에 초점을 두면 지원하기 좋은 사업이다.

▶ 한국국제학교 교사, 해외유학휴직

영어전담교사로 영어 실력이 향상된다면 무엇을 더 할 수 있을까? 우선 다른 해외 한국국제학교, 한국어교육원으로의 파견 또는 채용이다. 싱가포르, 말레이시아, 대만, 홍콩 등의 많은 한국국제학교가 한국 선생님을 매년 채용한다. 이들 나라에 한국인 교사로 근무하려면 일정한 영어 실력이 필요하다. 물론 영어를 가르치는 일보다는 한국어를 주로 사용하여 재외동포학생들을 가르치지만, 채용되기 위해서는 한 분야에서 전문가가 되기 위한 노력과 성과를 제시할 수 있어야 한다. 한국국제학교에서 근무하게 되면 원어민들이 함께 생활하는 경우가 대부분이다. 이들과 교류하고 협업하게 되면 영어 실력 향상에 많은 도움이 된다.

1년 해외유학휴직을 할 때도 영어전담교사의 경력은 분명 도움이 된다. 보통 어학 실력을 향상하기 위해 캐나다, 미국, 싱가포르 등 영미권 나라 대학원의 어학 연수 코스에 등록하거나 학위 과정을 신청하는 경우가 많다. 해외유학휴직을 교육청에서 승인하기까지 과정이 까다롭지만, 그래도 초등 영어 교수 능력을 신장시키기 위해 가는 해외유학휴직은 영어전담교사 경력에 분명 큰 힘이 된다.

CHAPTER
02

영어 수업의
목표와 원칙

1

영어 수업의 목표

 나는 영어 수업 오리엔테이션 시간에 학생들에게 '영어 수업은 무엇을 위해 할까요?'라는 질문을 던진다. 학생들에게서 '세계인과 교류하기 위해, 교과서에 있으니까, 나중에 도움이 되니까, 좋은 직업을 가지려고' 등등 다양한 대답이 나온다. 나는 학생들에게 모두 맞는 말이라고 하고, 영어 수업을 학교에서 하는 가장 중요한 목표는 바로 이것이라고 칠판에 적으면서 강조한다.

일상생활에서 필요한 영어 의사소통능력 형성

다른 말로 하면 우리가 살면서 기본적으로 필요한 영어로 듣고, 말하고, 읽고, 쓰는 능력을 키우는 것이다. 몇 년에 한 번씩 국가에서 영어 교육과정을 바꾸지만, 결국 영어는 의사소통능력 형성을 위한 교과임에는 변함이 없다. 교사의 영어 수업 목표도 바로 학생의 영어 의사소통능력의 형성이다.

상대방이 영어로 하는 말과 글을 잘 이해하는 능력, 내 의견을 영어로 말하고 글로 쓰는 능력이 가장 중요하다. 그럼 영어 의사소통능력을 어떻게 하면 늘릴 수 있을까? 간단하게 말하면 많이 듣고, 많이 말하고, 많이 읽고, 많이 쓰는 기회를 제공하면 된다. 그것이 영어를 사용하는 실제 상황과 유사하면 더 좋다. 그렇다면 수학은 문제 많이 풀게 하고, 국어는 많이 읽게 하는 것과 뭐가 다르냐고?

초등 영어는 다른 교과와 달리 도구 교과, 즉 'tool'에 가깝다. 의사(상대방이나 내가 표현하고자 하는 것)를 이해하고 전달하는 도구가 바로 영어이다. 영어를 의사소통의 도구로 여기는 관점에서 보면, 그 도구를 최대한 많이 사용하게 도와주는 것이 중요하다.

우리 삶의 의사소통 도구는 한국어다. 우리는 잠꼬대를 하더라도 국어 어법에 맞게 한다. 하지만 영어는 우리의 필수적인 도구가 아니다. 우리가 일상생활 속에 굳이 쓰지 않아도 되는 도구를 가진 것이다. 학생들이 의사소통을 할 수 있게 그 도구를 많이 사용해서 익숙해지도록 하는 것이 중요하다.

우리의 학창 시절 영어 실력은 어디로 사라졌는가? TIME지에 나올 법한 글도 1, 2분 만의 리딩으로 주제와 내용을 파악해버리던, 수능 외국어 영역을 풀던 읽기 능력은 지금 어디 있는가? 대학수학능력시험 이후 아니면 대학 졸업 이후 영어로 된 신문이나 인터넷 기사를 열심히 보았는가? 억지로라도 들었던 듣기평가나 TOEIC 시험처럼 listening을 일상생활 속에서 의도적으로 하고 있는가? 이 두 질문에 아니라고 하면 벌써 도구로서의 영어 기능은 녹이 스는 것이다.

영어를 가르치는 교사는 수업 속에서 이 도구로 영어의 기초 기능을 학생들이 잘 활용하도록 해야 한다. 그래서 그 도구를 많이 사용할수록 더 날카로워지고 사용하기 익숙해지게 만드는 것, 나아가 맥가이버칼처럼 여러 상황에 다양하게 사용하도록 촉진하는 것이 영어 수업의 주요 역할이다.

매 학기 초반에 학생들에게 "Use your English."라고 자주 강조해서 말한다.

"여러분이 배운 것을 자주 말하고 쓰지 않으면 영어 수업의 의미가 별로 없습니다. 아주 간단한 말이라도 사용하지 않으면 쉽게 입에서 나오지 않고, 아주 긴 문장도 내가 말해보면 막상 그렇게 어렵지 않습니다. 여러분이 영어라는 도구를 사용하여 자신의 의사를 많이 전달해보고 남의 의사를 많이 들어보세요."

공자가 논어에서 학이시습지(學而時習之)를 말했다면, 난 학이시용지(學而時用之)라고 외치고 싶다. 영어를 배웠는데 사용하지 않으면 머릿속 깊숙이 어딘가에 가라앉아 있다가 영영 사라진다고. 그래서 배운 영어를 최대한 활용하는 쪽으로 수업을 구성하고자 노력한다.

자기 의사를 담아 말로 하기 위해서는 내 의사를 담을 그릇, 즉 표현이 충분해야 한다. 그 표현이 기본적으로 단어, 구문, 그리고 문장이다. 거기에 하나 더 추가하면 바로 패턴이다. 단원별로 필수 표현 패턴이 있다. 이 패턴을 학생들이 충분히 익힐 수 있도록 기회를 주는 것이 중요하다. 기본 패턴에 자기 생각과 아이디어를 담아서 표현하고, 다른 친구의 의사를 이해하며 상호작용하게 하는 것이 결국 원활한 영어 수업의 모습이 된다.

물론 영어를 잘 듣고, 말하고, 읽고, 쓰는 것만이 목표가 아니다. 영어 수업에는 또 다른 목표가 있다. 그것은 바로 영어를 통해 세계의 문화를 이해하는 것이다.

교과서를 보면 각 단원의 마지막에 'Hello world'와 같은 다른 나라의 문화를 이해하는 부분이 있다. 어떤 언어든 그 언어가 생겨나고 사용되는 나라의 문화를 담고 있다. 영어를 사용하는 각 나라의 문화뿐만 아니라 세계 곳곳의 의식주, 축제, 학교생활 등도 충분히 영어 수업 시간에 다룰 수 있는 주제이다. 초등 영어 교육과정에서는 이를 '지역·국가·세계 공동체의 구성원으로서 문화 정체성과 언어 및 문화적 다양성에 대한 이해를 바탕으로 공감, 배려와 관용 및 포용 능력을 갖추고~'라고 밝히고 있다.

국제 문화 이해의 부분에 가면 학생들도 좀 더 편안하고 즐겁게 문화 수업을 하게 된다. 다른 나라 사람들에 대한 편견을 극복하고, 각 나라의 문화를 존중하는 측면에서 이 목표가 꽤 중요하다. 피에스타 시간에 낮잠 자는 것이 게으르다는 것을 의미하지 않으며, 스페인 부뇰에서 하는 토마토 축제가 과일만 낭비하는 장난이 아님을 학생들이 아는 것도 중요하다. 인도에서 밥 먹을 때 숟가락이 아닌 손으로 먹는 그 문화 자체로서 존중받을 수 있음을 함께 공유하는 것도 필요하다.

영어 수업의 중요한 추가적인 목표는 학생들이 영어에 흥미를 느끼게 하는 것이다. 누구는 여기에 자신감을 가지는 것까지 포함해야 한다는데 그건 필수는 아니다. 자신감은 그 무엇을 성취하면 자연스럽게 생긴다. 단, 흥미를 잃으면 자신감도 잃기 쉽다. 학습자가 수동적인 태도로 변한다는 것을 의미한다.

나는 학생들에게 첫 수업과 마지막 수업에 이런 이야기를 해준다.

"여러분의 영어 성적이 높지 않아도 좋아요. 그리고 지금 초등학교 영어가 시시해도 좋아요. 단, 영어를 싫어하진 마세요. 여러분이 영어에 관심과 호기심을 잃지만 않는다면 언젠가는 여러분이 영어를 정말로 필요로 할 때 스스로 공부해서 잘할 수 있어요."

이제 언제든지 내가 원할 때 나에게 맞는 속도로 충분히 영어를 스스로 익힐 수 있는 시대가 왔다. 반기문 전 UN 사무총장은 학창 시절에 영어 사전을 통째로 외우고 길거리에서 외국인을 붙잡아 말을 걸며 공부했다고 한다. 지금은 온라인으로 팽톡과 같은 AI와 함께 말하기 연습을 하고, 챗GPT와 서로 영어로 토론하고 배우는 시대다. 영어에 관심이 있고 끈기가 있다면 누구나 원할 때 실제 영어 사용 능력을 키울 수 있다.

온라인 커뮤니티, SNS와 같은 소셜 앱에서도 영어 공부를 함께 하는 모임이 수두룩하다. 이런 환경에서 학생들이 영어 시간에 좌절감이나 열등감을 느껴 그것이 트라우마로 자리 잡게 되는 것이 안타깝다. 그 학생들이 어른이 되어 난 영어를 원래 잘하지도 못하고 관심도 없다고 말한다면 더 슬플 것이다. 그래서 학생들이 학원에서 선행학습을 하고 왔든 처음 배우든 영어 수업 시간은 일단 기본적으로 즐겁게 공부하는 것임을 일깨워줘야 한다.

영어 수업이라 하면 얼굴이 어두워지지 않도록, 영어 하면 그래도 대체로 재밌는 과목이라고 여기게끔 하자. 하지만 어떻게 매 수업이 재밌으랴. 매 수업이 재미있어야 한다는 편견을 버리자.

40분 수업 중 10분 만 학생들이 즐거워해도 대단한 수업이다. 1단원의 6개 차시 중 3~4개가 재미있으면 된다. 모든 수업이 흥미로 가득 차는 건 무리다. 수업에 재미있는 포인트가 있으면 충분하다.

2

영어 수업의 기본 원칙

 영어 수업을 하는 태도와 원칙은 교사마다 다르다. 나는 학생들의 영어 의사소통능력을 최대한 길러주기 위해서 나만의 영어 수업 원칙을 세웠다. 영어 수업을 하면서 시행착오를 겪다 보니 영어 수업 원칙을 정해서 학기 초부터 학생들에게 강조한다. 그리고 내 영어 수업을 되돌아보며 이 원칙이 얼마만큼 지켜지고 있는지 확인한다.

학생들 간의 영어 상호작용이 충분히 일어나게 만들기

교실에서 가장 낮은 단계의 상호작용은 교사가 묻고 교사가 답하는 것이라고 한다. 그다음 높은 단계는 교사가 묻고 학생이 답하는 것, 가장 높은 단계는 학생이 묻고 학생이 답하는 것이라고 한다. 이 말에 깊이 공감한다. 나도 다른 교과 수업할 때 학생들에게 묻고 학생들이 대답하지 못하면 대신 내가 대답하고 진도 나갔던 기억이 있어서다. 사실 이 말을 영어 수업에서는 이렇게 바꾸면 좋을 것 같다.

'수업 초반은 교사의 질문과 학생의 답변이 주를 이룬다. 그리고 수업의 중후반부로 갈수록 학생과 학생 간 서로 영어로 묻고 답하기가 중심이 되게 한다.'

'A: What will you do on Sunday? B: I will visit my uncle in Busan on Saturday.'라는 필수 표현을 가르치는 말하기 중심 수업을 가정해보자.

수업 초반 활동에서는 'I will ~ on ~.'의 패턴이 사용되는 상황의 동영상을 학생들과 함께 보면서 그 표현이 각 대화에서 어떻게 사용되는지를 확인한다. 이때 학생들에게 주어진 대화를 얼마나 이해했는지 질문한다. 표현을 이해했으면 그다음은 연습이다. 이때는 교사의 말이나 교과서 내용이 녹음된 발음을 따라 하는 것, 거기까지가 교사가 이끄는 상호작용이다.

그다음부터는 학생들 간의 상호작용 단계로 넘어간다. 먼저 학생이 말할 수 있는 문장을 연상하는 그림을 책상 위에 여러 장 깔아둔다. 그리고 짝과 그림을 짚으면서 서로 대화하게 한다. 수업 후반부에서는 학생들에게 정보차 활동을 시킨다. 학생들에게 이름과 날짜, 미래 계획을 따로 카드에 적어준다.

이후 학생들은 교실을 돌아다니며 친구를 만나서 서로의 스케줄을 영어로 묻고 친구가 말한 계획을 표에다 적어 완성한다. 이때 교사는 학생들 간의 상호작용이 잘 될 수 있도록 안내하고 조력하면서 부진한 학생들을 도와주는 역할을 한다.

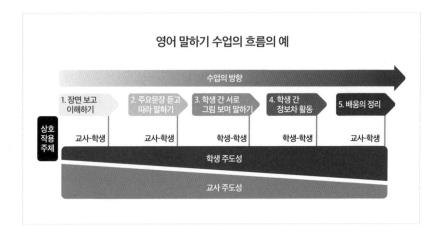

영어 말하기 수업의 흐름의 예

수업의 방향

1. 장면 보고 이해하기	2. 주요문장 듣고 따라 말하기	3. 학생 간 서로 그림 보며 말하기	4. 학생 간 정보차 활동	5. 배움의 정리
교사-학생	교사-학생	학생-학생	학생-학생	교사-학생

상호 작용 주체

학생 주도성

교사 주도성

상호작용은 듣고 말하기 상황에서만 일어나지 않는다. 읽기, 쓰기에서도 학생들 간의 상호작용은 중요하다. 내가 쓴 문장을 친구가 읽어보는 것도, 친구에게 내가 쓴 문장을 읽어주는 것도, 궁금한 것을 물어보는 것도 모두 상호작용이다. 단, 쓰기의 상호작용에 대해서는 주의할 필요가 있다.

영어 쓰기에는 drill을 위한 쓰기(writing practice)와 나 자신의 이야기를 담은 쓰기(productive writing)가 있다. 주어진 표현을 익히기 위한 반복적인 연습은 굳이 다른 친구에게 보여주거나 공유할 필요가 없다. 주어진 과제를 했는지 안 했는지 짝과 서로 확인할 용도로는 가능하다.

하지만 자기 생각과 경험을 담은 문장은 다른 친구들과 공유하게 하자. 이를 위해서는 학기 초에 자신의 말, 자신이 쓴 짧은 글을 언제든지 친구들이 볼 수 있고 공유될 수 있음을 사전에 공지한다. 학기 초 오리엔테이션을 할 때 이 점을 명확히 말해야 한다.

친구의 글을 볼 때 주의사항과 코멘트 다는 방법도 미리 설명한다. 열심히 내 생각을 담아 정성스럽게 좋은 표현까지 찾아서 쓴 글을 다른 친구들에게 보여주지 않고 나만 보고 그 시간이 끝나는 것은 자신에게 허무한 일이다. 자신의 글을 다른 친구가 볼 수 있다는 점을 고려하면 더 정성을 들여 쓰는 학생이 많아진다. 자신이 쓴 글을 친구들에게 보여주고 코멘트를 받는다.

친구 글을 읽은 후에 주요 정보에 대해 친구와 묻고 답한다. 이렇게 되면 문자언어와 음성언어를 모두 사용하여 상호작용을 하는 의미가 된다.

학생들은 보통 여러 친구를 만나면서 이야기를 나누는 것 자체를 즐긴다. 교실을 돌아다니면서 무언가 하는 것만으로도 지루함이 사라지기 때문이다. 그냥 영어로 이야기하고 연습하라는 말은 한계가 있다. 억지로 시키거나 할

당량을 주는 것은 한두 번은 괜찮지만 그다음부터는 지루해한다. 동기가 없기 때문이다. 그래서 적절히 게임의 형태로 주거나 목표를 부여해야 한다. 같은 목표언어를 반복해서 사용하다 보면 학생들이 그 표현을 말하는 데 익숙해지는 게 눈에 보인다.

학생은 오직 영어만 사용하기

영어 교실 문 앞에 'English only here.'이라는 문장이 붙어 있다. 학기 초에 학생들에게 누누이 이야기한다. 여기서는 'Only English'라고, 영어만 써야 한다고.

"여러분이 이 교실 밖에 나가면 어디서든 한국말을 쓰는 게 자연스럽고, 오히려 영어를 평상시 쓰는 것이 이상합니다. 여러분이 이곳에 온 이유는 영어를 배우기 위해서입니다. 선생님과 함께 영어로 듣고, 말하고, 읽고, 쓰기만 한다고 해도 여러분의 영어 실력 향상을 장담하기 어렵습니다. 여기에 오면 난 영어의 세계에 왔다고 생각하고 영어만 쓰기로 합시다. 특히 짝 활동, 모둠 활동을 할 때는 더더욱 영어만 쓰세요. 단, 한국말을 쓰는 것을 선생님이 허락했을 때, 질문이 있는데 영어로 표현하기 어려울 때는 예외로 한국말을 쓸 수 있습니다."

그리고 나서 학생들이 가장 많이 하는 한국말 질문과 이에 대한 영어 표현을 알려준다. 이런 말을 하고자 하면 영어를 사용해야 한다고 다시 한번 강조한다. 이 말들은 학생들이 주로 반복해서 하는 질문들이다.

- May I go to the restroom? (화장실 다녀와도 되나요?)
- Can I speak in Korean? (한국말로 해도 되나요?)
- How do you say ~ in English? (~가 영어로 뭐예요?)

- Can you help me? (선생님, 도와주세요!)
- How do you spell ~ ? (~ 를 영어로 어떻게 써요?)
- One more time, please. (한 번만 더요.)

이렇게 설명을 하면 학생들이 질문한다. "선생님도 설명할 때 한국말 쓰잖아요. 왜 우리만 못쓰게 해요?"라고. 난 이렇게 설명한다.

"선생님도 되도록 영어를 사용하고자 노력할 거예요. 이 공간에서 여러분과 영어로 의사소통해도 거리낌이 없다면 수업 내내 영어로 이야기하겠지만, 여러분이 그걸 이해할 만큼 아직 영어 실력이 부족하기 때문이에요. 선생님은 아마 여러분보다 한국말을 더 많이 사용할 거예요. 그 이유는 바로 여러분이 배우는 영어 표현을 이해하고 사용하는 것에 대해 알아듣기 쉽게 설명해야 하기 때문이에요."

이렇게 말하고 나서 본격적인 영어 수업을 하는 것과 그냥 하는 것과는 큰 차이가 있다. 영어만 쓰기로 약속하고 수업을 해도 학생들은 자기들끼리 조금씩 한국말로 떠들거나 장난을 쳐서 수업을 방해하기 시작한다. 그때 나는 "조용히 하세요!" 또는 "Be quiet!"이 아닌 "No Korean." 또는 "Remember, English only."라고 주의를 주면 학생들은 그 말을 듣고 수긍한다. 왜냐하면 영어를 쓰기로 약속했기 때문이다.

'English only'라는 규칙은 학생들이 영어로 말하고 쓰는 것을 위한 것이다. 더불어 학생들의 잡담을 줄이는 데 큰 효과가 있다. 때로는 이 규칙을 싫어하는 학생이 "Mr. Cho, 그럼 영어로 친구랑 떠들어도 되겠네요." 하면, "물론 되죠. 다만 수업을 방해하면 그건 안 돼요."라고 단호히 말해야 한다.

하지만 시간이 갈수록 이 원칙이 절대적으로 지켜지지는 않는다. 학생들끼리 보드게임이나 역할놀이를 준비하다 보면 어느새 자기도 모르게 한국말이 절로 나오기 마련이다. 그럴 때마다 일일이 'No Korean'이라고 주의를 줄 수는 없다. 그런 정도는 눈감아 준다. 하지만 의도적인 수업 방해, 친구와의 잡담, 소란함은 바로바로 제재해야 한다.

학기 초에는 이 규칙을 엄격히 지키고자 나 스스로 노력하고 주의도 많이 준다. 하지만 시간이 갈수록 조금씩 풀어주긴 한다. 일상적인 수업에서 학생들이 지문이나 상황을 이해했는지 물어보고 답할 때를 제외하곤 학생들이 한국말을 할 경우가 많지 않으므로 이 원칙은 매우 효과가 있다.

틀려도 되지만 대충은 안 돼!

"쟤는 영어 학원에 다녀서 잘해요.", "전 영어 학원에 안 다녀서 몰라요."

영어전담교사 첫해에 참 많이 들었던 말이다. 영어 학원에 다닌 학생은 그렇지 않은 학생보다 실력이 더 나은 경우가 많다. 물론 아닌 경우도 적지 않다. 영어 학원에 다녀서 어느 정도까지 선행학습을 했는지, 어느 정도 회화 능력이 있는지를 떠나서 난 오리엔테이션 때 이런 말을 한다.

"여러분이 영어를 얼마나 잘하는지는 중요하지 않습니다. 선생님은 수업에 열심히 참여하는 학생을 좋아합니다. 지금 배우는 표현을 알든 모르든 수업에 진지하게 적극적으로 참여하는 학생을 눈여겨볼 거예요. 대답이 틀려도 괜찮습니다. 하지만 대충 마지못해서 수업을 받는 학생은 답을 아무리 잘 맞혀도 선생님 눈에는 좋아 보이지 않아요."

학생들이 익혀야 할 목표언어는 그 전 학년의 영어 수업을 잘 이수했다면 사실 학교 공부만 열심히 해도 충분하다. 영어를 열심히 학원에서 배운 학생들이 실력이 좋을 수는 있다. 하지만 학원 수업은 학원 수업이고, 학교 수업은 학교 수업이다. 학원에 다니면서 좀 안다는 핑계로 대충 수업받는 것을 용납하지 않는다고 분명히 말해야 한다. 영어 학원에 다녔다는 학생들에게 다음이 잘 갖춰졌는지 질문한다.

- 해당 단원의 표현들을 정확한 발음으로 교과서를 보지 않고 말할 수 있는가?
- 교과서에 나오는 여러 상황을 주면 목표언어를 사용해서 지문을 정확하게 말할 수 있는가?
- 주어진 상황을 달리할 때마다 주요 표현과 단어를 바꿔서 유창하게 말할 수 있는가?

위 질문에 당당하게 대답할 수 있는 학생은 좀처럼 보기 드물다. 물론 어학연수나 선행학습으로 이미 내용에 단련된 학생도 있다. 그 학생에게는 칭찬과 함께 영어가 힘든 다른 친구들을 잘 도와주라고 조용히 말하는 것이 좋다.

영어 학습 준비 정도는 학생별로 천차만별이다. 그렇다 하더라도 영어 수업에 학생들이 적극적으로 참여해야 하는 점은 변함이 없다.

영어 수업 원칙을 기억하며 수업을 기획하고 진행한다면 학생의 수업 참여도를 높일 수 있다. 원칙이 지켜지는 수업을 반복적으로 하면 학생들은 자연스럽게 그것에 적응하게 되어 있다. 하지만 원칙이 자꾸 깨지면 그건 더 이상 원칙이 아니다. 원칙을 바탕으로 학생들이 상호작용하고 움직이면서 영어로 표현하며 적극적으로 참여하는 수업, 영어 수업의 절반 이상은 이미 성공이다.

3

포인트 제도,
꼭 운영해야 할까?

 학생들에게 누구의 물건인지 소유격을 가르치는 영어공개수업
현장. 주요 표현을 리뷰하는 학습활동이 이어지기 시작한다.
선생님이 신발을 가리키며 "Whose is this?"라는 질문을 하자, 한 학생이 "It's 지훈's"
라고 답한다. 화면에 지훈이로 보이는 학생의 눈이 신발을 가리킨다. 선생님은 그때
그 학생에게 "Good job. 10 points."라고 하며 포인트를 준다. 학생은 그 포인트를
바로 어딘가에 적는다. 그리고 다른 그림이 나왔을 때 발표하는 또 다른 학생이 있다.
선생님은 그 학생에게도 "Good job. 5 points."라고 말한다.

그 선생님은 학생들이 발표를 잘 할 때마다 포인트를 준다. 그러다 보니 전체 학생
의 반 정도에게 개별 포인트를 주는 것 같았다. 선생님은 모둠 활동이 끝나고도 잘했
다고 모둠별로 포인트를 줬는데, 학생 중 한 명이 포인트가 잘못되었다며 항의하는
듯한 말을 해서 선생님이 난감한 표정을 짓는다. 어쨌든 학생들이 열정적으로 수업에
참여하는 모습이 보인다. 포인트를 적립한 학생들은 수업이 끝나고 바로 선생님에게
가서 선물을 받아 간다.

무엇이 문제일까? 바로 포인트의 남발이다. 학생들은 포인트를 받으면 좋
아하지만, 포인트를 수업 중에 지나치게 노출하고 강조하다 보면 그 포인트

자체에 신경을 쓴다. 몇 점짜리를 주는지, 그게 포인트 받을 만한 행동인지 계산하게 된다. 그리고 포인트 없는 활동은 열정적으로 하지 않게 되고 포인트가 높은 활동에만 집중한다.

하지만 자기는 못 받고 다른 친구만 받는 포인트는 논쟁을 일으키기 쉽다. '나는 5점밖에 안 줬는데 희영이에게는 10점? 이거 뭐지?'라며 공정성을 따지기 시작하고, 결국 포인트가 없으면 수업이 잘 돌아가지 않는다. 교사도 학생이 잘했을 때 포인트를 안 주면 미안해지기 시작한다. 그리고 게임 활동을 할 때 몇 포인트를 줘야 할까 매번 고민이 되어 온전한 수업 활동을 하는 데 방해된다. 결국 교사의 권리를 포인트 제도가 잡아먹고 있는 것이다.

나도 비슷한 경험이 있었다. 영어 수업 시간에 역할놀이를 하는데 학생들이 적극적으로 참여하지 않았다. 문득 미국 프로농구(NBA) 올스타전 경기의 슬램덩크 경연대회가 생각났다. 각 팀의 덩크 슛을 잘하는 선수들이 나와 갖가지 묘기를 뽐낸다. 사람들을 링 앞에 세워 놓고 그 위를 날아올라서 하는 덩크 슛, 제자리에서 540도 회전하는 덩크 슛 등등. 덩크 슛이 끝나면 심사위원들이 바로 점수판을 든다. 최고점수는 10점, 별로면 7점 등 그 점수를 합산하여 MVP를 뽑는다.

그래 바로 이거다. 역할놀이를 할 때 모둠별로 학생 한 명을 심사위원으로 미리 지정한다. 그리고 학생들과 심사위원에게 역할놀이에서 좋은 점수 받는 기준을 알려준다. 다른 모둠의 역할놀이를 본 후 심사위원들은 선생님의 '하나, 둘, 셋!' 신호와 함께 점수판을 든다. 결과는 어땠을까?

학생들에게 이 제도를 설명했을 때 재밌겠다는 표정은커녕 얼굴에 어두운 그늘이 드리워지기 시작했다. 역할놀이 준비를 평소에는 깔깔거리며 즐겁게 했는데, 이번엔 뭔가 다투는 소리가 들렸다.

"선생님, 피터 팬 역할을 맡은 혁준이가 연습은 안 하고 놀기만 해요.", "선생님, 민영이한테 몸을 좀 더 크게 움직이라니까 네가 뭔데라고 하면서 꺼지라고 해요."

연습 과정부터 벌써 뭔가 껄끄럽고 쉽지 않았다. 역할놀이를 할 때는 더 가관이었다. 평소에 춤도 잘 추고 역할에 충분히 몰입해서 하던 학생들이 풀이 죽었는지 목소리가 너무 안 들리고 몸도 뻣뻣하다. 역할놀이를 보고 점수판을 들자 "야. 너네 점수 뭐임?" 하며 점수가 짜다며 아우성을 친다. 물론 더 열심히 하는 학생도 있었다. 그런데 학생들이 수근거린다. "아, 우리 모둠에 누구만 없었으면 1등인데."라고. 결국 그 이후 난 역할놀이를 하면서 다시는 이 제도를 진행하지 않았다.

이렇듯 포인트 제도는 그 부작용을 무시할 수 없다. 나는 지금 포인트 제도를 활용하지 않는다. 내가 하나하나 챙기는 성격이 아니어서도 그렇고, 학생들이 포인트를 개인별로 모아야 하는 압박감도 주기 싫기 때문이다. 포인트를 얼마나 주어야 하는지 매번 결정하는 것도 스트레스다.

포인트 대신 학생에게 칭찬하는 방법은 다양하다. 칭찬 및 활동 강화 방법을 바꾸면 포인트 없이도 충분히 학생들이 잘 참여할 수 있다.

활동 자체가 즐거우면 포인트를 주지 않아도 수업은 잘 돌아간다. 포인트 제도가 학생들의 영어 의사소통능력을 향상하는 데 약간의 동기유발이 될지 몰라도 포인트를 부여하는 교사에게는 부담된다.

포인트를 받지 못하는 활동은 학생들이 하지 않으려 하고, 결국 학생들의 활동 자체에 대한 호기심, 자신감, 흥미를 떨어뜨릴 수 있다.

4

학생들과의
풍부한 인격적 유대

 영어전담교사는 학생들이 영어라는 의사소통 도구를 잘
인식하고 활용하게 만드는 데 주력해야 한다. 단원을 구성
하는 5~6개의 차시 모두 이에 집중되어 있다. 때때로 수업 중에 학생들과 사적
인 이야기를 할 수도 있지만, 지나치면 영어 수업을 진행하는 데 방해가 된다.

'May I take your order? I'd like chicken rice.'와 같은 음식 주문 표현을
배울 때, 해외여행을 가서 레스토랑에서 주문과 다른 엉뚱한 음식이 나왔던
경험 사례를 학생들에게 말할 수 있다. 하지만 이것도 수업 진행에 있어서 하
나의 양념에 불과하다. 게임이나 정보차 활동을 하다 보면 생각보다 수업에서
자투리 시간을 따로 빼내기가 녹록지 않다.

영어전담교사로 학생들을 가르치다 보면 다양한 종류의 안타까움이 생긴
다. 그중 하나가 학생들과 개인적으로 친해질 시간이 부족하다는 것이다. 담
임이 되면 쉬는 시간, 점심시간 또는 창체나 일반 교과 시간에도 수업 외에 다
양한 이야기를 나눌 수 있다. 때로는 놀이 활동, 토론 활동, 학급회의 및 일상
과 연계된 대화 등에서 학생 개개인의 다양한 면을 발견할 수 있고 추억도 쌓
는다. 학생들도 담임선생님과 지내는 시간 동안 서로 정이 싹튼다. 담임선생

님의 눈에 반듯하고 예쁜 아이들이 하나둘 생겨난다.

반면, 영어전담교사는 그런 사람과 사람의 만남 시간이 부족하다. 더구나 영어 수업에서 사적인 이야기를 즐겁게 나누기가 쉽지 않다. 영어만 쓰라고 말하다 보면 주제와 관련 없는 이야기를 나누기 어렵기 때문이다. 〈May I Take Your Order?〉 단원에서는 음식을 주문하고 음식 종류에 관한 표현을 익히는 데 시간을 쓴다. 〈May I Sit Here?〉 단원에서는 허가에 대한 표현을 소개하고 학생들끼리 영어로 말하면 해당 그림을 가져가는 'snatch game'을 하다 보면 수업이 끝난다.

수업이 끝나고 학생들은 "Good bye!" 인사 후 교실을 유유히 빠져나간다. 학생들이 남아서 나와 이런저런 이야기를 나눌 때도 있다. 다만 나도 다음 영어 수업을 위해 교구 준비도 해야 하고, 교과서 콘텐츠 세팅도 다음 반 진도에 맞게 다시 해야 한다. 나에게 사적으로 찾아오는 학생들에게 많은 시간을 할애하기 어렵다. 영어를 좋아하기 시작한 학생들이 적극적으로 질문해 올 때도 있다. 한 5학년 학생은 나에게 "Thank you for teaching."이란 말을 해줘서 기쁠 때도 있었다. 이 학생들을 보면 교사로서 뿌듯하고 보람을 느낀다.

학생들이 수업 활동에 즐겁게 참여하지만, 때론 수업에서 벗어나 학생들과 자유롭게 수다 떨며 친해지는 시간이 그립기도 하다. 영어 수업이기에 영어와 관련 없는 이야기를 하기도 조심스럽다. 담임교사는 각 교과의 수많은 지식과 관련된 본인의 경험을 이야기할 수 있다. 하지만 영어전담교사는 해외여행 경험담 정도만 말할 뿐 그 이상 말하게 되면 그날 학생들이 해야 할 활동에 제약이 생긴다. 또한 하나의 콘텐츠를 여러 반에 같은 내용으로 가르치게 되면 더더욱 다른 반과의 수업 내용에 차등이 없도록 해야 한다. 그렇게 하지 않으면 각 반 수업 진도를 헷갈리기 시작한다.

5

다양한 어휘, 표현 지도에
얽매이지 말자

영어를 잘 못하는 A 씨가 미국 뉴욕으로 여행을 갔다. 목적지에 버스를 타고 가는데 갑자기 버스가 급정거를 했다. 어설프게 앉아 있던 A 씨는 때굴때굴 굴러 넘어져 앞의 기둥에 그만 부딪히고 말았다. 순간 눈앞에서 별이 빙글빙글 도는 걸 느낀 A 씨는 코피가 나는 것을 알아차렸다. 옆에 있던 미국인이 넘어져 있는 그를 부축하며 물었다.

"Are you OK?"

그 순간 A 씨는 코피가 쏟아지는 것도 잊은 채 뭐라고 말해야 할지 머릿속이 하얗게 변했다. 그리고 무의식적으로 이렇게 말했다.

"Fine, thank you. And you?"

위 내용은 우리나라 입시 위주의 획일적 영어 교육을 드러내는 자조적인 이야기다. 시험을 위해 무작정 영어 표현을 외우게 하면서 정작 상황에 맞고 살아 있는 다양한 표현을 하는 영어 교육이 없다고 한다.

왜 이야기 속 A 씨는 'Fine, thank you. And you?'라고 했을까? 기계적으로 외웠기 때문에? 확실히 아는 표현이 그것밖에 없어서 그렇게 말했을 것이다. 'Are you OK?'에 대한 대답하는 표현이 교육과정에 있었는가를 확인해볼 필요가 있다. 'Are you OK?'라는 질문에 'It hurts.'(아파요), 'I am OK.'(괜찮아요), 'I am not feeling well.'(몸이 좋지 않아요) 등 이런 답변들을 A 씨는 초중고 영어 교육과정에서 배웠을까? A 씨는 공부를 열심히 하는 사람이었을지도 모른다. 만약 코피를 흘린 A 씨가 배운 영어 수업 내용이나 영어 교재에 이런 표현들이 없었다면 과연 그게 A 씨의 잘못일까?

초등학교에서는 기초적인 상황 속 영어를 다룬다. 사교육 없이 초등학교 6학년까지 영어를 배웠다고 가정하면 위 상황에서 할 수 있는 말이 무엇일까? 아마 'I'm not OK.'나 'I am sick.' 정도일 것이다. 'I have a bloody nose.'를 말할 수 있다면 좋겠지만, 왜 초등학교에서는 이를 가르치기 어려울까? 그 이유는 선행학습 금지 규정과 단어 수 제한에 있다.

'bloody'는 초등학교 정규 영어 시간에 공식적으로 다루지 않는 단어다. 초등 영어 교육과정에서 지도할 수 있는 표현의 개수는 2022 초등 영어 교육과정 기준으로 600단어 이내이다. 따라서 다채롭고 유용한 표현이 있다고 하더라도 이를 공식적으로 가르치기에는 무리가 있다. 이 표현을 가르치고 싶더라도 영어 단어의 수준이 초등 영어를 훌쩍 벗어난다면 고민해야 한다. 하지만 기본적인 단어로 가르칠 만한 표현도 찾아보면 꽤 있다.

6

교사의 영어 실력도
함께 성장한다

 학생들의 영어 실력이 느는 만큼 교사의 영어 실력도 함께 성장할 수 있을까? 교사가 TEE(영어를 영어로 가르치기)를 위해 부단히 노력하면 분명 영어 실력은 많이 향상될 것이다. 하지만 분명한 한계도 있다.

학생들과 주고받는 교실 영어를 편의상 상용문장과 비상용문장으로 나눌 수 있다. 상용문장은 영어 수업을 진행하기 위해 반복적으로 쓰는 교실 영어이다. 여러 번 수업에 사용하게 되면 그다음은 입에 익어 자연스럽게 말하게된다. 하지만 이는 정해진 경계를 넘지 못한다.

학생들과 함께하는 물리적 공간과 학생들이 배울 교과 및 학습목표, 그것을 가르치기 위한 교사의 말들이 있다. 그 말들은 수업 목표 아래 조직되어 설정되고, 다람쥐 쳇바퀴 돌 듯 레슨별로 차시별로 반복하게 되어 있다. 그러므로 교사가 말하는 상용문장 표현 능력은 향상되기 마련이다. 다른 나라에 가서 영어를 가르친다고 해도 이미 내 입에 익은 말이므로 자연스럽게 나올 수 있다.

- Open your book to page 42. (책 42쪽을 펴세요.)

- In this board game, if a friend lands on my space, I lose my space.

  (보드게임에서 친구가 내 땅에 도착하면 그 땅을 뺏기게 됩니다.)

- What do you say next? (여러분은 뭐라고 대답해야 하죠?)

- Repeat after me. (선생님을 따라서 말해보세요.)

- Time's up. (시간이 다 되었어요.)

- You and your partner practice these patterns together.

  (짝과 이 패턴을 연습하게 될 겁니다.)

비상용문장은 반복적으로 사용하지 않는 교사의 영어이다. 상용문장과 달리 교실 영어에서 쓰는 패턴과 상황을 벗어난다. 새로운 상황에 대한 설명, 질문 등을 수업에서 쓰지 않았던 영어 문장으로 만들어 말해야 한다. 그러므로 평소 영어 수업을 진행하기 위한 말과는 사뭇 다르다. 교사의 영어 회화 실력이 드러난다. 또 지금 내가 영어로 말하는 문장이 수업 중 1년에 한 번만 나올 수도 있다. 우리가 흔히 이야기하는 영어 회화 실력은 사실상 비상용문장을 많이 말해보는 것이다. 새로운 말들, 나의 메시지를 담은 말들을 자주 사용하고, 내가 잘못 말한 것을 교정해 나가는 것이 영어 실력을 늘리는 길이다.

비상용문장의 예

- There's no point in coming to the English classroom if your

  attitude is like that. (여러분이 그런 태도를 보이면 영어 교실에 온 의미

  가 없어요.)

- Wow! Your class's English writing is the best in Grade 5.

  (와우! 여러분의 쓰기 능력은 5학년 중 최고예요.)

- Chungsik, You must be happy to be the class captain.

  (충식이가 회장이 돼서 기쁘겠구나.)

- Your hands show whether you're focused on me.

  (여러분의 손을 보면 나에게 집중하는지 안 하는지 알 수 있어요.)

영어 수업에서 비상용문장의 비율은 상용문장보다 상대적으로 적다. 평소에 정형화되어 있는 표현을 쓰지 않기에 갑자기 학생들 앞에서 나의 의사를 영어로 말하는 것이 어색할 수 있다. 또 비상용문장은 순간적으로 나의 의사 표현을 하는 경우가 많아 문법적 오류가 있는 문장을 남발할 가능성도 있다. 내가 비상용문장을 말하는 게 어색하고 문법적 오류가 많다면, 과연 잘못된 문장을 학생들에게 노출해도 괜찮은지 고민해야 한다. 이런 문장을 학생들이 그대로 모델링하거나 옳은 문장으로 인식할 위험도 있다.

그렇다고 해서 비상용문장 사용을 의도적으로 줄이지 말자. 결국 경험을 통해 성장할 수밖에 없기 때문이다. 내가 쓰고 싶은 표현들을 의도적으로 영어로 말해보자. 걱정하는 대신 학생들 앞에서 나의 의사를 전달할 때 주요 패턴을 담아 말하는 연습을 미리 해보자. 교사의 생각이나 견해를 나타내는 영어 패턴을 하나둘씩 익숙하게 말하게 될수록 영어 수업은 풍성해진다. 처음부터 잘 된다는 생각은 버리고, 하루에 한두 문장씩 말해본다는 생각을 가지자.

아래 교사가 영어 수업 중 흔히 사용할 수 있는 비상용문장의 패턴을 사용해보자. 각 패턴에 여러 개의 구문을 넣어 자꾸 말해보는 습관을 들이다 보면 패턴이 자연스러워지기 시작한다. 이런 표현들이 영어 수업 중간중간의 여러 지시문(instructions) 사이에서 감초 역할을 하게 된다.

문장의 패턴	사용의 예
I think you need to _____. 나는 네가 _____할 필요가 있다고 생각해.	I think you need to speak louder. 나는 네가 더 크게 말할 필요가 있다고 생각해
In my opinion, _____. 내 생각에는 _____.	In my opinion, this word is a little tricky for you. 내 생각에는 이 단어는 좀 어려워.
I feel that _____. 난 _____라고 느껴.	I feel that you are doing a great job. 난 네가 최선을 다하는 거라고 느껴.
It seems to me that _____. 내가 보기에 _____인 것 같아.	It seems to me that you understand the story well. 내가 보게에 네가 이 이야기를 잘 이해하는 것 같아.
You did a great job on _____. 너는 _____을 정말 잘했어.	You did a great job on your pronunciation today. 너는 오늘 발음을 정말 잘했어.
I'm proud of you for _____. 나는 네가 _____한 게 자랑스러워.	I'm proud of you for trying to follow the rules. 나는 네가 규칙을 잘 지켜서 자랑스러워.
I can see that you are improving in _____. 네가 _____에서 발전하고 있는 게 보이는구나.	I can see that you are improving in speaking English. 네가 영어 말하기가 발전하고 있는 게 보이는구나.
Keep trying to _____. 계속 _____하려고 노력해 봐.	Keep trying to write the letters correctly. 계속 글자를 바르게 쓰려고 노력해 봐.
How about _____. _____하는 게 어때?	How about writing the words three times? 이 단어 세 번씩 쓰는 게 어때?

Next time, remember to _____. 다음에는 _____ 하는 걸 기억해.	Next time, remember to bring your homework. 다음에는 숙제 가져오는 걸 기억해.
It's okay to _____. _____ 해도 좋아.	It's okay to make mistakes. 실수를 해도 좋아.
Don't be afraid to _____. _____하는 걸 두려워하지 마.	Don't be afraid to ask questions. 질문하는 걸 두려워하지 마.
You're getting better at _____. 너는 _____이 점점 좋아지고 있어.	You're getting better at acting in role play. 너는 역할놀이를 하는 게 점점 좋아지고 있어.

CHAPTER
03

영어 수업 준비, 이렇게 하자

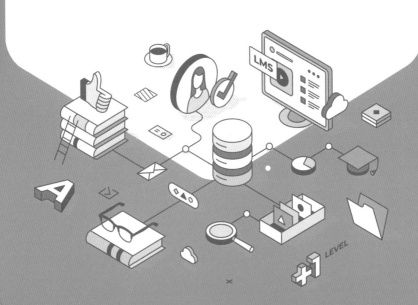

1

영어 수업의 기본 설계

 일반적으로 영어 수업은 두 개 또는 세 개의 활동으로 구성된다. 큰 틀은 'Warm up(도입) - Development(전개) - Closing(정리)' 이 세 단계로 구성되어 있다. 듣기-말하기 중심 수업의 흐름을 표로 정리하면 오른쪽 표와 같다. 보통 표와 같은 구조로 교과서의 영어 수업도 구성되어 있으며, 단계별 교사의 주요 질문이나 활동도 이 골격에 따라 지도서에 수록되어 있다.

Warm up(도입)은 학생들이 수업을 준비하는 단계이다. 학생들은 이전 시간에 배운 것을 복습(Review)하고, 이번 시간에 배울 제재나 학습목표에 유인하도록 동기유발(Motivation)을 한다. 전치사나 주요 표현 복습은 보통 해당 단원이 시작되고 나서 둘째나 셋째 차시까지는 필수적으로 하는 것이 좋다. 학생들이 새로운 단어나 구문에 아직 익숙하지 않기 때문이다.

동기유발은 학생들이 이번 차시에 관심을 가질 수 있도록 만들고 적극적으로 공부하고자 하는 동기를 만들어주는 작업이다. '오늘 수업은 재미있겠는데', '흥미가 생기는데', '궁금해지는데' 등 이런 생각이 들게 만드는 단계다.

동기유발은 해당 차시의 목표언어를 통해 동기유발을 하는 경우와 목표언

〈듣기-말하기 중심 영어 수업의 흐름〉

Structures (수업 구조)	Steps (단계)	Activities (활동의 예)	비고
Warm up (도입)	Review (복습) Motivation (동기유발)	노래 부르기, 챈트, 실제 영어 사용 장면 보기, 설문 조사하기, 생활과 연결 짓는 질문하고 답하기, 빈칸 답변 만들기, 퀴즈 풀기, 친구에게 질문하고 답하기, 텍스트 보고 읽으며 내용 파악하기, 간단한 짝 인터뷰, 친구 인터뷰, 영화 및 팝송에서 주요 표현 찾기	Review와 Motivation이 결합한 형태가 많음
Development (전개)	Presentation (제시)	주요 표현 및 단어 익히기, 원어민 발음 듣기, 대화가 전개되는 상황 제시하기, 상황 파악하기, 내용 파악 질문에 답하기, 빈칸 채우기	Practice와 Production은 구분되지 않고 연결되는 경우가 있음
	Practice (연습)	듣고 따라 하기, 주요 패턴 이해하기, pattern drill, 상황별 표현 말하기, 텍스트 보고 추측하여 말하기, 빈칸 채워 쓰기, 공간 채워 쓰기, 스스로 중얼거리며 말하기(쓰기) 연습, 친구와 함께 말하기(쓰기) 연습, 대화 완성하기, 문장 연결하기	
	Production (심화활동)	정보차 활동, 게임 활동, 역할놀이, 주어진 미션 해결하기, 짝 찾기 활동, 친구 설문 조사, 문제 해결, 서로 글 읽고 답하기, 글 교환하여 읽기	
Closing (정리)	Review(복습) Closing(정리)	주요 표현 말하기, 주요 패턴 읽기, 노래, Chant, 핵심 질문하기, 오류 바로잡기, 오늘 활동 돌아보기, 작별 인사, 다음 차시 예고	

어가 다뤄지는 주제를 통한 동기유발로 나눌 수 있다. 예를 들어 오늘 배울 목표언어가 'A: May I take your order? B: I'd like ~'이라고 하자. 이때 레스

토랑에서 음식을 주문하는 장면이 담긴 동영상을 보여주면서 두 화자가 한 말을 물어본다면 이는 목표언어에 대한 동기유발이다. 반면, 한국과 미국의 음식 주문 차이점을 다룬다면 이는 음식 주문에 대한 동기유발이다. 전자는 목표언어에 학생이 직접 다가설 수 있게 하고, 후자는 목표언어로 의사소통하는 환경, 분위기, 의도 등에 초점이 맞추어져 있다.

동기유발로 할 수 있는 활동으로는 제재 노래 부르기, 챈트, 실제 영어 사용 장면 보기, 설문 조사하기, 생활과 연결 짓는 질문하고 답하기, 빈칸 답변 만들기, 퀴즈 풀기, 친구에게 질문하고 답하기, 텍스트 보고 읽으며 내용 파악하기, 간단한 짝 인터뷰, 친구 인터뷰, 영화 및 팝송에서 주요 표현 찾기 등이 있다.

Development(전개)는 본격적인 수업 단계이다. 이 부분은 Presentation (제시), Practice(연습), Production(심화활동)으로 나뉜다. 사실 이 세 가지 활동이 항상 정확히 구분되는 것은 아니다. 때에 따라 제시와 연습이 하나의 활동으로 묶일 수도 있으며, 제시 이후에 연습과 심화활동이 하나로 묶일 수도 있다. 특히 심화활동이 무엇이냐에 따라 이 형태는 조금씩 달라지는 경우가 많다.

Presentation(제시) 단계에서는 주로 그 차시에서 언어기능(듣기, 말하기, 읽기, 쓰기) 중 하나의 기능이 강조되고, 그 기능이 사용되는 일상의 대화나 짧은 글이 제시된다. 학생들은 오늘 배울 주요 목표언어(target language)를 인식하고, 그것이 어떻게 쓰이는지 문맥(context)도 함께 파악하게 된다. 이때는 '이해'의 영역이 중요하다. 학생들이 목표언어가 쓰이는 상황을 잘 이해해야 이후 사용하는 데 도움이 된다.

목표언어 외에도 일상에서 쓰이는 유용한 표현이 등장한다. 활동으로는 주요 표현 및 단어 익히기, 원어민의 발음 듣기, 대화가 전개되는 상황 제시, 상황 파악하기, 내용 파악 질문에 답하기, 빈칸 채우기 등이 있다.

Practice(연습) 단계는 제시 단계에서 확인한 목표언어를 학생들이 연습하는 과정이다. 듣고 따라 하기, 스스로 읽기, 써 보기 등을 하는데 주로 통제된 연습을 한다. 처음에는 발음, 억양 등을 그대로 따라 말하기로 시작하나 점차 선택적으로 발화하기, 그림을 보며 문장으로 말하거나 써 보는 경험으로 확대된다. 또한 선생님과 함께 연습하며 의미, 강세, 억양 등을 익히고, 이후 짝 또는 모둠 내에서 친구들과 함께 연습한다.

활동으로는 듣고 따라 하기, 주요 패턴에 대해 이해하기, pattern drill, 상황별 표현 말하기, 텍스트 보고 추측하여 말하기, 빈칸 채워 쓰기, 공간 채워 쓰기, 스스로 중얼거리며 말하기 연습, 친구와 함께 말하기 연습, 대화 완성하기, 문장 연결하기 등이 있다. 잘못하면 지루한 과정이 될 수 있으므로 연습 방법과 형태에 조금씩 변화를 주는 것이 좋다.

Production(심화활동) 단계는 학생들이 주도적으로 상황에 맞게 발화하거나 써 보는 활동으로 구성된다. 연습 단계에서 다룬 목표언어를 학생 스스로 상황과 의도에 맞게 발화해본다. 물론 게임 활동처럼 연습 단계의 연장선으로 통제된 표현을 하기도 하며, 인터뷰 형식으로 친구에게 목표언어를 사용하여 묻고 답하며 정보를 얻는 활동도 될 수 있다.

초등학교 영어 수업에서는 완전한 자유로운 발화에 한계가 있다. 성인 영어 회화 학원에서는 수업의 마지막 단계에서 프리토킹 타임을 많이 한다. 그날 배운 목표언어를 이미 알고 있는 표현들과 합쳐 문장을 만들어 묻고 답한다. 이미 오랜 학창 시절 동안 영어를 배웠기에 기본적으로 알고 있는 표현이 많은 성인끼리는 대화를 이어 나가기 쉽다. 하지만 초등학생은 그렇지 않다. 그러므로 어느 정도 통제된 과업이 부여될 수밖에 없다.

학생들이 가장 즐거워하며 기다리는 단계가 이 시간이다. 수업 시간마다 서로 다른 활동을 할 수 있기 때문이다. 이 시간만큼은 학생 스스로 자기 전략대로 표현하고 교류한다. 따라서 학생이 과업에 집중하는 흥미도와 집중도가 다른 단계에 비해 매우 높다.

심화활동으로는 정보차 활동, 짝과 말해보기, 게임, 역할놀이, 주어진 미션 해결하기, 짝 찾기 활동, 친구 설문조사, 문제 해결, 서로 글 읽고 답하기, 글 교환하여 읽기 등이 있다. 교사로서도 활동 구성이 자유롭고 교사 본연의 창의성을 발휘하여 수업을 구성하기 좋다.

Closing(정리) 단계에서는 Review(복습), Summarize(정리)를 주로 한다. 오늘 배운 핵심표현을 다시 한번 읽거나 노래, Chant를 하기도 한다. 보통 '각인'을 시킨다는 말을 쓴다. 마지막에 핵심표현을 다시 한번 다루면서 한 번 더 강조되므로 뇌 속에 오랫동안 그 언어가 기억될 수 있다는 뜻이다. 오늘 활동이 어땠는지, 해당 활동을 하면서 느낀 점이 무엇이었는지 등의 정의적 영역에 대해 다룰 수도 있다.

정리 단계에서 할 수 있는 활동으로는 주요 표현 말하기, 주요 패턴 읽기, 노래, Chant, 핵심 질문하기, 오류 바로잡기, 오늘 활동 돌아보기, 작별 인사, 다음 차시 예고 등이 있다.

2

각 차시의
단계별 수업 준비 방법

단원을 처음 시작할 때

대부분 수업이 그렇듯 모든 단계별 활동이 새로울 수는 없다. 각 단원의 1차시 처음부터 마지막 차시 끝까지 거의 비슷한 활동명을 지닌다. Fun talk(다이어로그 제시), Listen and Repeat(듣고 따라 하기), Wrap up(마무리) 등 그 속에 다뤄지는 콘텐츠가 바뀔 뿐이다. 그러므로 교사가 힘써서 준비할 부분과 수업마다 반복되는 말들은 비슷하다. 그 안에서 내용에 따라 교사가 할 말이 조금씩 바뀔 뿐이다.

영어전담교사는 보통 하루에 3~5개의 수업을 소화한다. 그 수업이 모두 같으면 좋겠지만, 모든 수업이 다 다를 수도 있다. 그러므로 모든 수업, 모든 차시를 모두 다채롭게 준비하기는 어렵다. 따라서 옥석을 가려야 한다. 교사의 발문이 많은 단계는 핵심적인 발문 위주로 준비한다.

한 단원의 1차시 수업을 준비하기 전에 먼저 할 일은 단원의 핵심표현을 확인하는 것이다. 이 핵심표현이 여러 방식으로 단원 내내 반복해서 사용되기 때문이다. 한 단원의 목표는 핵심표현을 학생들이 거리낌 없이 잘 이해하고 표현하는 것이라고 할 수 있다.

각 차시의 시작 전에는 해당 차시가 어떤 언어기능을 전달하고자 하는지를 확인한다. 보통 1차시는 듣기, 2차시는 말하기, 3차시는 읽기, 4차시는 쓰기, 5차시는 평가 등으로 구성되어 있고, 중간에 역할놀이, 챈트, 발음, 프로젝트 등이 한 차시로 추가된다. 그 단원의 핵심표현을 학생들이 잘 사용하게 만드는 것이 목적이라면 구성될 활동도 거기에 초점이 맞추어져야 한다.

핵심표현이 'A: What do you want to do in the future? B: I want to be a ~.'이고, 이번 차시에 주로 다룰 언어 표현이 '쓰기'라고 가정해보자. 이럴 때 마지막 단계인 심화활동은 자연스럽게 '내 미래의 꿈을 표현하는 글을 써 보고 이를 친구들 앞에서 선언하기' 또는 '직업별로 미래의 꿈 카드 완성해서 적어보기' 등이 된다. 즉 모든 활동이 '쓰기'라는 언어기능에 초점이 맞춰진다.

듣기-말하기 중심 수업의 일반적 흐름

처음은 Warm up 단계다. 이때는 본 차시를 위한 review나 동기유발을 위한 준비를 한다. 보통 수업을 여는 질문을 먼저 하고 시작한다. 'How are you today?, What did you do yesterday?' 등 루틴의 질문과 예시 답변을 만들어둔다. 그리고 학생들과 인사를 나눈다. 짝끼리도 인사를 나누게 하면 더 좋고, 동기유발 자료를 준비하면 더더욱 좋다. 아울러 이전 차시나 학년에서 배운 내용을 확인할 수 있는 review 자료를 준비한다. 학생들이 이를 보고 따라하게 하고, 이후 그림을 보고 표현을 말하게 한다.

Development 단계에서 가장 준비가 편한 부분은 Presentation이다. 주어진 dialogue가 있고, 이에 대한 핵심 질문이 교사 지도서에 있기 때문이다. dialogue 또는 text를 보여주거나 읽고 공유한 후 내용을 파악하는 질문을 몇 가지 준비한다. 이후 지도서에서 대본을 파악한 후 새로운 표현이 나오면 알려주면 된다. Practice는 연습이므로 연습 방법의 루틴이 한번 정해지면 그 방법을 각 단원 차시별로 비슷하게 적용하면 된다. 듣고 따라 하기, 짝과 연습하기 등의 순서를 확인한다.

Production 단계는 한 차시 영어 수업의 가장 돋보이는 부분이다. 그러므로 가장 많은 준비가 필요하다. Presentation과 Practice는 단원별로 콘텐츠만 바뀔 뿐 내용 파악 방법과 연습 방법이 거의 비슷하다. 몇 단원을 지도하다 보면 감이 생기고 자신만의 지도 루틴이 생긴다. 하지만 Production은 말 그대로 학생들이 좀 더 자유롭고 흥미롭게 이해, 표현하는 단계이므로 그 활동 자체를 목표언어의 상황을 떠올리며 구안해야 한다.

솔직히 말하면 지도서에 있는 활동은 재미없는 부분이 많다. 분량 확보 (Production 부분은 최소 10분 이상이 바람직함)가 어려운 활동도 더러 있다. 그래서 교사가 직접 만들거나 자료를 찾게 된다. 하지만 Production에서 자주 쓰는 활동들도 비슷한 형태가 많아서 조금만 신경 쓰면 잘 만들 수 있다. 주로 게임이 많지만 주제에 따라서 활동 형태가 달라진다.

Closing 단계는 사실 큰 준비가 필요하지 않다. 오늘 배운 내용을 정리하는 차원이다. 다뤘던 목표언어를 한 번 더 학생들과 읽어보거나 핵심표현을 말하게 하면 된다. 때로는 동기유발 때 질문을 하고, 이 질문에 대한 답을 Closing에서 하기도 한다.

영어 수업 준비를 하다 보면 Production 부분을 중점적으로 살펴보게 된다. 그다음 Presentation과 Practice 부분은 지도서를 읽으면서 내용 파악을 위한 발문을 살펴보고, 진행할 작은 활동들의 순서와 수업에서 진행할 것을 익혀둔다.

모든 수업 과정을 아우르는 파워포인트를 만들 필요는 없다. 주요 내용을 그때그때 지도서에서 확인하면서 수업해도 된다.

<듣기-말하기 중심 수업 단계별 교사의 수업 준비>

구분	단계	교사가 주로 할 일	다른 수업에 응용 가능성	<교사 준비의 강도> ★★★ 많은 준비 필요 ★★ 어느 정도 준비 필요 ★ 조금 준비 필요
차시 수업 준비 전		단원의 핵심표현 파악하기		
		강조되는 언어기능 파악(듣기, 말하기, 읽기, 쓰기 등)		
Warm up (도입)	Greeting (인사) Motivation (동기유발) Review (복습)	• 수업을 여는 유용한 인사 자료 찾기 • 동기유발 자료 찾기, 발문 준비하기 • 주요 표현 연습 위한 자료 찾기	저	★★
Develop ment (전개)	Presentation (제시)	• 지도서에 있는 (듣기, 말하기, 읽기) dialogue(담화) 및 글 (text) 보고 학생들에게 물어볼 필수 질문 만들기	중	★★
	Practice (연습)	• 연습 순서, 방법 파악하기	고	★
	Production (심화활동)	• 활동 만들기(고르기) • 활동 안내 방법 생각하기 • 활동의 유의점 생각하기 • 열심히 한 학생에 대한 보상 생각하기	저	★★★
Closing (정리)	Review(복습) Closing(정리)	• 활동 마무리 질문 및 제시할 것 떠올리기	고	★

☞ Production이 수업 준비의 상당 부분을 차지함!

※ 듣기-말하기 중심 수업 준비의 실제

단원의 핵심표현	A: What do you do on weekends? B: I _____ _____.

다음의 표는 내가 실제로 5학년 영어 수업 준비를 할 때 단계별로 했던 작업이다. 수업 준비를 거듭할수록 능숙해지면 더 많은 부분을 생략할 수 있다. 수업은 학생들이 많이 말하고 상대방과 대화하도록 구성해야 한다. 동기유발이 거창할 필요는 없다. 학생들이 오늘 할 공부에 관심을 가지고 무엇을 배울지에 대해 예상해 보는 정도로도 충분하다.

인터넷에서 'Animals act like human'이라고 검색하면 운전하는 고양이, 권투를 하는 쥐 등 다양한 동물들이 나온다. 어떤 사진을 보여줄지 골라 둔다. 그리고 학생들에게 "What does this animal do? Please say, 'It(they) _____ on weekend.'"라고 말하여 학생들이 그림을 보고 문장을 만들게 하면 된다.

Presentation(제시) 단계는 출판사 DVD를 보면서 학생들이 대화 내용을 파악하고 주요 표현에 주목하는 부분이다. 내가 어떤 질문을 학생들에게 하여 내용 파악에 도움이 되게 할지 읽어본다. 필요하면 질문을 추가하고 메모해둔다. Practice(연습) 단계는 정해진 대로 하면 된다.

Production(심화활동) 단계는 늘 가장 많은 준비가 필요한 부분이다. 우선 지도서의 활동을 확인한다. 정말 할만한 활동인지를 파악한다. 내 경험상 열 개 중에 한두 개는 좋지만, 나머지는 만족스럽지 못하다.

지도서에는 짝과 대화하고 관련 활동 그림을 가위로 잘라 풀로 붙이는 활동이 나오는데, 짝끼리만 대화하면 재미가 없다. 불특정 학생들과 대화하고 정보를 수집하는 정보차 활동(Information Gab)으로 바꾼다. 학생들에게 서로

〈듣기-말하기 중심 수업 단계별 수업 준비의 실제〉

단원 및 차시	천재교육(함순애) 5학년 영어 2단원 What Do You Do on Weekends? 2차시 듣기-말하기 중심 수업		
구분	단계	수업의 흐름	교사가 수업 준비할 것
단원의 핵심표현		A: What do you do on weekends? B: I _____.	A: Let's _____ this Sunday. B: Sounds good.
본 수업의 언어기능		말하기(듣기)	
Warm up (도입)	Greeting (인사)	• 친구와 'What do you do on Saturday?' 묻고 답하기	없음
	Motivation (동기유발)	• 동물들이 행동하는 사진들 - 동물들이 어떤 것을 주말에 하는지 물어보기	'animals act like human'으로 검색해서 사진 모아두기, 수업 시간에 어떤 사진 보여줄지 생각해두기
	Review (복습)	• 단원 핵심단어, 문장 그림 보고 말하기	1차시에 사용했던 PPT 확인하기
Develop ment (전개)	Presen tation (제시)	• 출판사 DVD에 있는 동영상 함께 보고 내용 파악하기	지도서에서 지문 보고 물어볼 질문 확인 또는 질문 추가하기
	Practice (연습)	• 연습 순서, 대상자 파악하기	교과서, 지도서 읽어보기 (교과서 흐름 따라서)
	Production (심화활동)	• Information Gab - 각 친구에게 미리 캐릭터와 하는 일 카드 주기 ▶ 그 이후 친구들이 하는 일 조사하기	• 캐릭터-하는 일 카드(A4 사이즈) 만들기 • 카드 뒷면에 조사 내용 적을 칸 만들기
Closing (정리)	Review (복습) Closing (정리)	• 활동 마무리 질문 및 제시할 것 떠올리기	없음

다른 캐릭터와 하는 일을 미리 카드로 준다. 철수는 슈퍼맨 카드, 영희는 쿵푸 팬더 이런 식이다. 그리고 캐릭터 아래에 'I watch a movie on weekends. I play badminton on Sunday.'처럼 캐릭터가 하는 일을 적어둔다. 예문은 조금 겹쳐도 된다.

이 카드를 들고 교실을 돌아다니며 친구와 만나면 묻고 답하기를 한다. 그리고 카드 뒷면에 친구가 하는 일을 적을 수 있도록 칸을 만든다. 카드와 조사지를 따로 만들어도 된다. 캐릭터 카드는 하는 일이 쓰여 있는 문장 부분은 잘라서 버리거나 주머니에 넣는다. 학생들은 앞면에는 캐릭터, 뒷면에는 조사지로 된 카드를 들고 교실을 돌아다니면서 친구의 캐릭터를 보고 대화한다. "Hi, Superman. What do you do on weekends? I play soccer on weekends. How about you?" 카드는 반 학생 수만큼 준비한다. 조사 양식은 모두 같으므로 이 둘을 양면 복사한다.

심화활동을 계획하기 전에 학생들이 이걸 가지고 어떻게 무엇을 할지 머릿속에서 시뮬레이션을 해보는 것이 좋다. 그러다 보면 '무슨 문제가 생길까? 자료는 어떻게 만들면 좋을까? 이 방법으로 하면 아이들이 재밌어 할까?'로 생각이 이어진다. 이후 더 간편한 자료, 더 좋은 자료를 만들게 된다.

Closing 단계는 큰 준비가 필요하지 않다. 오늘 배운 내용을 정리하는 차원이므로 다뤘던 목표언어를 한 번 더 학생들과 읽고 핵심표현을 말하게 하면 된다. 때로는 동기유발 때 질문을 하고, 이 질문에 대한 답을 Closing 단계에서 하기도 한다.

읽기 중심 수업의 일반적 흐름
학생들의 읽기 수준은 천차만별이다. 단어의 뜻을 몰라 어쩔 줄 몰라 하는 학생, 이미 모든 문장을 다 읽고 할 일이 없어서 따분한 얼굴로 앉아 있는 학생

등 이들이 모두 한 교실에 있다. 학생 모두를 만족시킬 수는 없다. 가장 아래의 수준과 가장 높은 수준의 중간을 중심으로 수업을 할 수밖에 없다. 물론 교육과정의 가르쳐야 할 목표언어 수준을 기본으로 삼아야 한다. 학생 개별 수준을 파악하여 서로 다른 과제를 주는 건 교사의 선택이다.

듣기-말하기 수업에 PPP가 있다면 읽기 수업에는 흔히 사용하는 수업모형이 있다. 바로 '읽기 전 - 읽는 중 - 읽는 후' 수업모형이다. 노경은은 이를 PWP 수업모형, 즉 Pre-While-Post의 약자라고 설명하고 있다(초등영어교육의 이해(2015), p332).

이 과정을 고급 웨스턴 레스토랑의 코스 요리로 비유하면, 읽기 전(Pre-reading stage)은 애피타이저를 먹는 것과 같다. 위장에 음식 들어갈 테니 준비하라는 신호를 준다. 텍스트를 바로 공부하면 딱딱하다. 텍스트와 관련된 그림을 보고 어떤 그림인지 유추해 본다. 관련된 지식도 같이 알아보고 영상도 살펴본다.

읽는 중(While reading stage)은 본격적인 첫 번째 메인 요리 코스다. 텍스트를 함께 읽는 과정이다. 이 부분은 보통 학생 스스로 소리 내어 읽기 → 함께 원어민의 발음 따라 읽기 → 짝과 문장 번갈아 가면서 읽기 → 스스로 이해하면서 문제를 풀거나 요약하기 → 선생님과 함께 주요 표현 살펴보며 이해하기 → 스스로 처음부터 읽기 순으로 수업한다.

읽은 후(Post-reading stage)는 두 번째 나오는 요리 코스이다. 텍스트를 읽으면서 파악한 내용과 주요 표현을 가지고 여러 활동을 하게 된다. 문장-글 읽기 관련 게임, 글의 내용 바꿔 쓰기, 내 상황으로 글 바꿔 쓰기 등의 활동이 이어진다. 이후 이어지는 코스 요리에서 디저트를 먹듯 그날 배운 내용을 점검하면 수업이 종료된다.

읽기 수업에서 수업 준비량이 많은 부분은 읽은 후 단계와 읽기 전 단계다.

읽는 중의 단계는 어느 정도 할 것이 정해져 있고, 학생들에게 짚어 주어야 할 표현 정도를 파악하면 된다.

교사는 읽기 전에 학생들이 텍스트에 관심을 가질 수 있도록 자료나 발문을 미리 준비한다. 아울러 읽은 후에 어떤 활동이 적합할지 준비할 게 더 많아진

〈읽기 중심 수업 단계별 교사의 수업 준비〉

구분	단계	교사가 주로 할 일	다른 수업에 응용 가능성	〈교사 준비의 강도〉 ★★★ 많은 준비 필요 ★★ 어느 정도 준비 필요 ★ 조금 준비 필요
Warm up (도입)	Greeting (인사) Motivation (동기유발) Review(복습)	• 인사하기, 서로 안부 묻기 • 텍스트에 등장하는 주요 단어, 구문들에 대해 복습할 자료 준비하기(선택)	저	★
Develop ment (전개)	Pre-reading (읽기 전)	• 텍스트 주제에 관련된 영상 자료, 그림 자료, 배경 설명 자료 찾거나 만들기	중	★★
	While reading (읽는 중)	• 텍스트 읽어보고 학생들에게 강조할 내용 표시하기(단어, 표현), 텍스트 내용 파악 및 확인 질문 만들기	고	★
	Post-reading (읽은 후)	• 활동 만들기(고르기) • 활동 안내 방법 생각하기 • 활동의 유의점 생각하기 • 열심히 한 학생에 대한 보상 생각하기	저	★★★
Closing (정리)	Review(복습) Closing(정리)	• 활동 마무리 질문 또는 제시할 것 떠올리기	고	★

☞ Post-reading이 수업 준비의 상당 부분을 차지함!

다. 교사가 실제 활동을 구안하고 자료를 준비해야 하므로 이 단계에서 더 많은 노력이 필요하다.

※ 읽기 중심 수업 준비의 실제

단원의 핵심표현	There is(are) _____ in the _____. We put __ on(in) the _____.

현재의 교실 풍경	과거의 교실 풍경
This is our classroom. There is a TV on the wall. There are many lockers, too. We put our textbooks and notebooks in the lockers. We learn many things here.	This is our classroom. There are many desks and chairs. There is a stove in the classroom. We put our lunch boxes on the stove. We learn many things here.

출처: 천재교육(함순애) 5학년 영어 교과서 160쪽 영어 텍스트 자료

과거의 교실과 현재의 교실을 비교하는 글이다. Warm up에서는 간단한 인사와 오늘 날씨를 묻고 답한다. 자기 주변에 있는 물건, 또는 교실에 있는 물체로 'There is(are) _____ in the _____.'의 틀에 맞춰서 영어로 말하게 한다.

읽기 전(Pre-reading) 단계에서는 본문에 관심 있게 만들기 위해 과거 교실의 사진이나 동영상을 준비하여 보여준다. 이를 보고 어떤 것이 교실에 있었는지 영어로 말하게 한다. "What were in the classroom a long time ago? What's big difference compared to a classroom nowdays?" 등으로 질문을 한다.

읽는 중(While reading) 단계에서는 학생들이 글을 직접 읽으며 내용을 파

〈읽기 중심 수업 단계별 수업 준비의 실제〉

단원 및 차시	천재 함순애 5학년 영어 10단원 What a Nice House? 3차시 읽기 중심 수업		
구분	단계	수업의 흐름	교사가 수업 준비할 것
단원의 핵심표현	There is(are) _____ in the _____. We put _____ on(in) the _____.		
본 수업의 언어기능	읽기		
Warm up (도입)	Greeting (인사)	• 당일 날씨에 대해 묻고 답하기	없음
	Motivation (동기유발)	• 친구들과 자신의 책상 위, 교실에 있는 물건에 대해 문장으로 말하기	
	Review (복습)	• 단원 핵심 단어, 표현 함께 말하기	1차시에 사용했던 PPT 확인
	Pre-reading (읽기 전)	• 60~70년대의 한국 초등학교의 교실 모습 담은 동영상 보여주기 -> 오늘날과 비교하기 -> 보면서 주요 물건 단어로 말하기-> 문장으로 말하기(ex. There is(are)~.)	• 동영상 링크 준비하기 • 얼마만큼 보여줄지 분량 정하기
Development (전개)	While reading (읽는 중)	• 글을 스스로 소리 내어 읽기 • 글을 원어민 발음을 따라 읽기 (출판사 DVD 활용) • 글을 짝과 번갈아 가면서 읽기 • 스스로 내용 파악 질문에 답 쓰기 + 요약하기(마인드맵, 또는 교과서에 쓰기) • 선생님 질문에 답하며 내용 파악하기 + 마인드맵 확인 • 마지막으로 스스로 읽기	교과서, 지도서 읽기 (교과서 흐름 따라서)

	Post-reading (읽은 후)	• 베스킨라빈스 게임(3명) - 번갈아 가면서 영어로 각 칸에 있는 문장 읽기, 중간에 폭탄에 걸리면 1점씩 감점	• 베스킨라빈스 게임 학습지 만들기(찾기) • 학생들에게 어떻게 설명할지 준비하기
Closing (정리)	Review (복습) Closing (정리)	• 기억나는 문장 말하기 • 그중 한 문장을 상황에 맞게 말하기 (ex. There are _____ in my room.)	없음

악하도록 한다. '소리 내어 읽기 → 함께 원어민 발음(출판사 DVD)에 따라 읽기 → 짝과 문장 번갈아 가면서 읽기 → 스스로 이해하면서 문제 풀어보거나 요약하기 → 선생님과 함께 주요 표현 살펴보기 및 마인드맵 답 확인하기 → 스스로 처음부터 읽기'를 하게 한다. 사실 이 부분은 각 단원에서 반복되는 부분이므로 교사의 준비가 많이 필요는 없다.

읽은 후(Post-reading) 단계는 베스킨라빈스 게임의 변형이다. 세 명이 돌아가면서 학습지에 있는 각 칸의 문장을 순서대로 읽는다. 이때 개인별로 1~3칸을 선택해서 읽을 수 있다. 폭탄 부분을 읽게 되면 1점씩 잃는다.

교사는 이 게임을 위한 학습지를 만든다. 그리고 학생들에게 어떤 방식으로 설명할지를 머릿속에 새겨둔다. 직접 시범을 보이고 학생을 나오게 해서 함께 하는 것을 보여줄지, 아니면 도식으로 만들어 PPT에 보여줄지 결정한다. 필요하다면 도식도 직접 만든다.

Closing 단계에서는 그날 기억나는 문장을 말하게 한다. 그중 한 문장을 학생 상황에 맞게 말할 수 있다. 예를 들어 'I put ___ in the ___.'라는 패턴으로 학생들에게 "I put pencils in the pencil case."라고 말하게 한다.

쓰기 중심 수업의 일반적 수업 흐름

초등학생이 영어로 문장을 쓰는 것은 이미 듣고, 말하고, 읽었던 목표언어를 글로 옮기는 작업이다. 한번 학생이 말한 문장은 의사소통 과정에서 그다음 발화되는 문장들 때문에 금세 뒤로 밀려난다. 하지만 문장은 쓰고 나면 오랫동안 종이 위에 존재한다. 따라서 쓰는 과정에 마음속으로 문장을 정련하는 과정이 요구된다. 이리저리 지워보기도 하고, 쓴 다음에 문법적 오류를 고치기도 한다. 그래서 초보 영어 학습자인 학생들에게는 모방 쓰기와 유도된 쓰기(guided writing) 과정이 많이 필요하다. 학생이 힘겹게 만들어 낸 쓰기 활동 결과물에 칭찬을 많이 해주자.

쓰기 중심 수업 역시 PWP 모형을 따른다. 하지만 그 의미는 읽기의 PWP 모형과 다르다. 약자의 의미는 Practice writing(쓰기 연습), While writing(글쓰기), Post-writing(글 쓴 후)이다. 하나의 글은 문장을 쓸 줄 알아야 만들 수 있다. 하나의 문장은 단어들을 알아야 쓸 수 있다. 그러므로 이러한 최소한의 연습이 글을 쓰기 전에 Practice writing 단계에 있어야 한다. 이때 그림 보고 빈칸 써넣기, 알맞은 단어 골라 문장 완성하여 쓰기 등이 이루어진다. Practice writing의 경우에는 다른 차시에서 사전에 구성되기도 한다.

While writing 단계에서는 학생의 주도적인 글 쓰기가 이루어진다. '예문 확인하기 → 아이디어 적기 → 글 쓰기 → 고쳐 쓰기' 순으로 이어진다. 이후 Post-writing에서 학생들끼리 자신이 쓴 글을 공유한다. 서로의 글을 읽어보면서 친구들의 코멘트와 교사의 피드백을 받는다.

말하기 중심 수업에 비해 쓰기 수업이 좀 더 준비하기 편하다. 보통 쓰기 전 활동은 교과서와 교과서 보조자료에 잘 제시가 되어 있으므로 이를 따르면 된다. 가장 주목이 되는 단계는 While writing이다. 이 파트를 'Project'란 형태로 따로 차시 편성하는 교과서 출판사도 많다.

　　Post-writing 단계는 교사가 게임 활동이든 정보차 활동이든 상황과 규칙을 제시해야 한다. 하지만 쓰는 과정은 실시간 상호 대화가 아니다. 학생 스스로 주도적으로 쓰는 행위와 결과가 글(Text)이다. 따라서 직접적인 글 쓰기 단계에서 학생들에게 어떤 종류의 글을 쓰게 할지, 어떤 플랫폼에 쓰게 할지

〈쓰기 중심 수업 단계별 교사의 수업 준비〉

구분	단계	교사가 주로 할 일	다른 수업에 응용 가능성	〈교사 준비의 강도〉 ★★★ 많은 준비 필요 ★★ 어느 정도 준비 필요 ★ 조금 준비 필요
Warm up (도입)	Greeting (인사) Motivation (동기유발) Review(복습)	• 서로 인사 나누기 • 텍스트 관련 동기유발 방법 생각하기 (ex. 핵심단어 그림 보여주고 노트에 쓰게 하기, 틀린 문장 찾기 등)	고	★
Develop ment (전개)	Writing practice (쓰기 연습)	• 문장 쓰기 연습, 보기에서 골라 쓰기, 그림을 문장으로 표현하기, 그림과 표현 매칭할 문항 확인하기 → 교과서, 교과서 보조자료 활용	저	★
	While writing (글쓰기)	• 예문 만들기(교과서 활용 가능) • 글쓰기 플랫폼 만들기(편지글, 포스터, 책갈피, 엽서, 인스타그램 등)	저	★★
	Post-writing (글 쓴 후)	• 학생이 쓴 글 공유 방법 확인하기	고	★
Closing (정리)	Review(복습) Closing(정리)	• 인상 깊었던 글 서로 알려주기	고	★

를 잘 정해야 한다. 편지글, 포스터, 책갈피, 엽서, 인스타그램 등의 다양한 쓰기 플랫폼을 알려주고 학생들이 직접 짧은 자신의 글로 채워 넣게 하자. 플랫폼이 곧 결과물의 쓰임을 의미하므로 학생들은 좀 더 유목적적으로 글을 쓰게 된다.

※ 쓰기 중심 수업 준비의 실제

단원의 핵심표현	My favorite _____ is _____. I like to _____.

이 수업의 목표는 내가 좋아하는 것과 좋아하는 행동을 문장과 글로 표현하는 것이다. 우선 유튜브에서 'Kids Talk: What's your favorite sports'를 보여주고, 어떤 학생이 어떤 스포츠를 좋아했는지를 물어본다. 이후 영어 교재 Writing practice 부분에서 그림에 알맞은 단어를 찾아 쓰고, 문장을 찾아 적게 한다.

두 번째 활동인 While writing에서는 학생들이 일상생활에서 좋아하는 활동을 인스타그램의 형식으로 적는다. 교사의 예문을 보고 내용을 파악하며 어떻게 적는지 확인한다.

이후 자신의 이야기를 담은 일상 속 좋아하는 과일, 음식, 놀이 등에 대한 문장과 주로 어떤 걸 그 시간에 하는지의 문장을 모아 글로 작성하게 한다. 이때 학습지를 제공한다. 영어로 어떻게 표현할지 모르는 것은 스마트 패드 등의 영어사전에서 찾아 적게 한다.

이후 Post-writing 시간에는 학생들에게 친구들이 완성한 인스타그램에 직접 코멘트를 적게 한다. 좋은 코멘트의 예를 칠판에 적고 학생들에게 안내한다. Closing 단계에서는 인상 깊었던 학생들의 글을 소개하고 수업을 마무리한다.

〈쓰기 중심 수업 단계별 수업 준비의 실제〉

단원 및 차시	천재교육(함순애) 5학년 영어 9단원 My Favorite Subject is science 5차시 쓰기 중심 수업		
구분	단계	수업의 흐름	교사가 수업 준비할 것
단원의 핵심표현		My favorite _____ is _____. I like to _____.	
본 수업의 언어기능		쓰기	
Warm up (도입)	Greeting (인사) Motivation (동기유발) Review(복습)	• 날씨에 대해 묻고 답하기 • 유튜브에서 'Kids Talk: What's your favorite sports' 인터뷰 장면 보여주기 - 이후 학생들이 좋아하는 스포츠가 무엇인지 묻기	유튜브에서 'Kids talk: What's your favorite sports' 미리 보고 질문할 것 생각해두기
Develop ment (전개)	Writing practice (쓰기 연습)	• 그림에 알맞은 과목 쓰기 • 단어 넣어 문장 완성하여 쓰기	교과서, 지도서 읽기 (교과서 흐름 따라서)
	While writing (글 쓰기)	• 나만의 인스타그램 이야기 피드 만들기 (인스타그램 형태의 학습지) • 인스타그램 플랫폼 적는 방법 알려주기 • 학생들 글 쓰기 • 스스로 쓴 글 고치기	• 플랫폼(글의 형식) 학습지 준비하기 • 예시문 준비하기 ◀ 파워포인트로 준비 또는 교사가 직접 틀을 칠판에 적고 학생이 따라 적기 • 스마트 패드를 사용할 경우 기기 사용 시 주의 방법 안내 준비하기
	Post-writing (글 쓴 후)	• 학생들 쓴 글 서로 읽게 하기 • 글 밑에 코멘트 달기(코멘트 예문 알려주기) • 교사는 돌아다니며 주요 오류 고쳐주기	코멘트 다는 방법 확인하기 (ex. Great work, Good job, Good writing, I like this part 화살표와 함께)
Closing (정리)	Review(복습) Closing(정리)	• 친구의 좋은 글 추천하기 • 함께 읽어보기	없음

3

Production, Post-reading 활동 준비 방법

듣기, 말하기, 읽기의 마지막 활동은 영어 수업 중 가장 역동적인 부분이다. 지루해하거나 적극적으로 참여하지 않던 학생도 이 단계가 오면 기대감에 눈을 반짝인다. 매번 새롭고, 게임의 요소가 강하며, 성취했을 때의 즐거움이 있기 때문이다.

PPP 모형에서는 Production 단계, PWP 모형에서는 Post-reading 단계가 이에 해당한다. 수업을 준비할 때 Production 단계에서 어떤 활동을 하느냐에 따라 수업 전체의 분위기가 정해진다고 해도 과언이 아니다.

어떤 활동을 할까?

가장 먼저 할 일은 해당 차시의 지도서를 보는 것이다. 지도서 각 차시의 Wrap up 또는 Closing 직전에 있는 Play Together 코너의 게임 등이 활동할 만한지를 확인한다. 이는 다음의 기준을 따른다.

Production 활동을 정할 때 기준

❶ 이 활동을 학생들이 재미있게 즐길 수 있을까?

❷ 학생들이 활동 규칙을 잘 이해하고 실행할 수 있을까?

❸ 이 활동이 목표언어를 충분히 늘게 만들 수 있을까?

❹ 활동 방법 설명을 포함해서 10~15분 동안 학생들이 할 수 있을까?

❺ 교사가 활동을 준비하는 데 드는 시간과 노력이 적절한가?

사실 그 활동이 교과서에 나올 정도면 교과서 저자가 충분히 심사숙고하여 만든 것임에 의심의 여지가 없다. 위 기준의 ❸번은 충족되는 경우가 꽤 많지만 ❶번과 ❹번이 부족한 경우가 태반이다. 교과서 게임을 학생들이 짝 또는 모둠에서 진행하고 나면 "다 했는데 이제 뭐 해요?"라고 묻는 경우가 많다. 교과서 활동을 하고 시간이 남거나 학생들이 제대로 즐기지 못한다고 생각하면 과감하게 하지 말자. 다른 활동을 찾거나 직접 만들자.

다른 활동을 찾을 때는 인디스쿨과 같은 교사 커뮤니티를 살펴보면 되는데, 마음에 딱 드는 활동을 찾기란 쉽지 않다. 그렇다고 무작정 좋은 활동만 찾느라 시간을 보내기도 어렵다. 그래서 나는 최대 10분 정도 좋은 활동을 찾아보고, 그래도 딱 맞는 활동이 없다면 커뮤니티에 있는 활동을 변형하거나 새로 만들어서 쓰기도 한다. 다른 단원에서 썼던 활동을 영어 단어와 문장만 바꿔서 해도 괜찮다.

활동 방법 설명을 준비하자

학생들이 어떻게 하면 내가 정한 활동에 자연스럽게 몰입하게 할 수 있을까? 어떻게 하면 학생들이 활동 방법에 대해 자꾸 질문하지 않도록 만들 수 있을까? 이런 고민을 해결하기 위해서는 활동 자체의 재료 등을 준비하는 것도 중요하지만, 활동 방법 설명 준비가 그 못지않게 중요하다.

보통 파워포인트를 사용하여 활동 방법을 설명한다. 활동 방법 설명의 좋은 예로는 SBS TV 예능 프로그램 〈런닝맨〉이 있다. 이 프로그램에서는 참가자들에게 사람 모양의 일러스트를 사용하여 게임 방법을 설명한다. 이런 일러스트로 자료를 만들어 설명하면 학생들의 이해도가 높아진다.

그러기 위해서는 다음과 같이 활동 설명 자료를 준비해두면 좋다. 교사 커뮤니티에서 다운받은 자료라도 미리 활동 전에 준비가 되어 있는지 확인하고 그것이 안 되어 있으면 아래처럼 내용을 추가한다. 자료를 사용하는 장면을 실물화상기로 보여주면서 아래 순서에 따라 설명하면 된다.

〈영어 활동에서 설명해야 할 순서 및 체크 사항〉

제목 (이름)	어떤 활동인지 제목이 있어야 한다. 제목을 알려주지 않으면 학생들에게 그 활동이 와닿지 않는다. 카드 게임, 정보차 활동 등은 교사가 지칭하는 게임의 종류일 뿐이다. 카드 빨리 집기라면 〈Snap the card〉, 친구랑 대화해서 정보를 받는 것이라면 〈Talk and Write〉처럼 제목을 먼저 제시하자. 단순하게 만들면 된다.
인원	몇 명이 누구와 하는지 중요하다. 보통 개인, 짝, 모둠, 전체 중에 하나다.
목표	학생들은 무엇을 해야 완성 혹은 미션 클리어를 하는지 목표를 알아야 한다. 활동을 어디까지 해야 이기는지, 어떤 것까지 해야 이 활동이 끝나는지를 학생들에게 알려줘야 한다. 그래야 학생들이 활동할 의욕이 더 생긴다.
재료	학생들에게 어떤 재료를 쓸지 미리 알려준다.
방법 (순서)	학생들에게 어떻게 활동을 하는지에 대해 순서대로 알려준다. 어떻게 하면 목표를 달성하는지, 점수를 얻는지 등을 설명한다. 이때 이 과정을 순서도처럼 알려주는 것이 좋다. 활동이 언제나 같은 순서로 되는 것이 아니기 때문이다. 영어 수업의 모든 활동은 기본적으로 의사소통능력을 길러주기 위해서다. 즉 영어를 사용하면서 활동하게 되는 주된 이유다. 각 순서에 어떤 말을 해야 하는지, 어떤 단어와 문장을 써야 하는지를 설명해야 한다.

이런 것을 한눈에 보기 쉽게 순서도를 화면에 띄우고 학생들이 보면서 말하게 하면 좋다. 특히 대화에 서툴거나 핵심표현을 잘 모르는 학생들은 순서도의 문장을 보고 말할 수 있게 해준다.

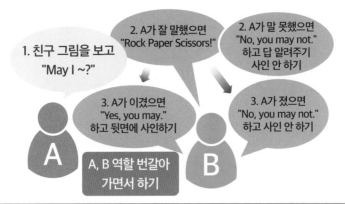

유의점	많은 선생님이 이 부분을 간과한다. 활동이 시작되었는데도 학생들이 활동 방법이나 돌발변수에 관한 질문을 많이 하게 되는데 이는 활동의 흐름을 자연스럽지 못하게 만든다. 유의점에 들어갈 또 다른 내용은 학생들이 흔히 할 수 있는 반칙이다. 활동할 때 지켜야 할 점, 하지 말아야 할 점 등을 미리 말해두자. 활동을 빨리 끝내기 위해 한국말을 사용하거나 보지 말아야 할 것을 보면서 하는 학생들이 생긴다. 이런 학생들이 나오지 않도록 하지 말아야 하는 행동도 주지시키자. 규칙이나 유의점을 어기면 활동에 참여시키지 않고 앞에 서서 구경만 해야 하는 경고를 준다고 미리 설명한다. 그리고 활동이 언제 끝나는지도 알려주면 좋다. 선생님이 stop을 해야 끝나는지, 다한 학생은 무엇을 해야 하는지 등을 미리 알려주자. ※ 규칙의 예 •남, 여, 남, 여 번갈아 만나기 •한국말 하지 않기 •친구가 다른 친구와 대화하고 있으면 기다리기 •다 했으면 표를 선생님에게 보여주고 자리에 앉기

수업 플래너로 하는 수업 준비

수업 플래너는 되도록 간결하게 만드는 것이 좋다. 보통 학교에서 쓰는 '도입 - 전개 - 정리'의 한두 장짜리 정형화된 지도안을 좋아하는 교사는 별로 없다. 왜? 지나치게 정형화되어 있다. 나만 보는 지도안인데 너무 남을 위한 형식을 갖추고 있다 보니 구체적이고 길기 때문이다. 서로 다른 여러 개의 수업을 매일 해야 하는 교사는 한두 장짜리 지도안을 자세히 작성하여 수업할 시간과 여유가 없다. 남에게 보여주기를 위한 지도안은 필요 없다. 내가 쓰기 편한 일상의 수업을 위해서는 큰 줄기를 담아 실제 활용 가능한 것이 필요하다. 그게 수업 플래너다.

아래는 내가 근무했던 싱가포르 한국학교 영어 교사들이 작성했던 수업 플래너다. Lesson Plan이란 말도 쓰지만, The Scheme of Lesson이라고 불린다. 왼쪽에는 수업 시기, 가운데는 수업 시 교사가 사용할 활동, 오른쪽에는 사용할 교구 또는 참고자료를 명시하였다. 사실 이 정도만으로도 수업의 큰 줄기를 잡는 데는 문제가 없다. 수업 시기와 Teaching Plan에는 활동명이 한 줄 정도 들어가면 된다. 이렇게 나만의 수업 플래너의 형태를 잡아도 좋지만 조금 더 단순하게 만들 수도 있다.

Teaching Plan	Teaching Plan	Material or Reference
Week 1	Lesson 1 (R, W) • Discuss what students know about the issue. • Explain how to use the Contents Page to find information. • Read comprehension questions and highlight key words. • Practice scanning by turning to the chapter and quickly searching for information. • After the required information is identified, read slowly for details and answer questions in full sentences.	worksheet

내가 사용하는 수업 플래너는 다음과 같다. 일반적인 지도안 형태는 사용하지 않는다. 솔직히 지도 계획은 나만 알아보면 된다. 그래서 중요한 내용 위주로 형태를 단순화했다. 가장 왼쪽 칸은 몇 번째 수업인지를 적는다. 내가 근무하고 있는 학교는 영어 전담 수업을 시수제로 운영한다. 영어 과목의 교육과정상 기준시수를 다 수업하면 그 학기에는 더 이상 영어 수업을 하지 않는다. 그러므로 교육과정상 몇 번째 수업을 했는지를 카운팅하는 것이 중요하다. 이에 따라 해당 반별 오른쪽 칸이 필요하다.

가운데 칸은 수업의 주요 핵심내용을 적는 부분으로 가장 넓게 편성해서 Warm up, Development 등에 해당하는 활동을 적었다. 매번 루틴으로 하는 review, 학습목표 제시, Closing 등은 적지 않았다. 그리고 거기에 활동에 활용할 자료 종류를 함께 적었다. 자료는 PPT가 될 수도, 교과서가 될 수도, 학습지가 될 수도 있다.

플래너의 오른쪽에는 반별 빈칸을 만들었다. 오른쪽 칸에 해당 수업을 한 날짜를 적고, 그 반의 현재 진도가 어디인지 한눈에 보이게 했다. 그 반만의 특징이 있으면 빈 곳에 메모할 수 있게 했다. 이러면 진도 관리에 매우 효율적이며, 어느 반이 진도가 늦고 빠른지를 잘 알 수 있다.

<수업 플래너 활용 예시>

누적 시수	차시	주요 활동	1반	2반	3반	4반	5반
	7-4(단원-차시)						
1	Warm up Development	• 주요 표현 다시 한번 살펴보기 ◀ PPT • 교과서 p111~112 　소리 내서 읽기 ▶ 듣고 따라 읽기 　▶ 짝과 번갈아 가며 읽기 ▶ 문제 풀기 　▶ 내용 파악 마인드맵 만들기 • Game <Found it> ◀ PPT, 워크시트	8.29	8.29	8.30	8.30	8.27
	7-5						
2	Warm up Development	• 짝과 서로 질문하기 　What did you do yesterday? • Popsong 숨겨진 단어 맞히기 ◀ PPT • 교과서 p113~114 • My happy moment 쓰기 　- 예시문 소개하기 ◀ PPT 　- 연습하기 　- Instagram 학습지에 써보기 ▶ 공유	8.31	8.31	9.1	9.2	9.4

<실제 사용한 수업 플래너>

　학생들에게 주로 가르칠 표현이나 질문들은 어떻게 할까? 그건 지도서에 적어둔다. 영어 수업은 각 출판사가 제공하는 영상 자료가 중요하다. 그 영상 자료의 스크립트가 모두 지도서에 표시되어 있다. 거기에 학생들에게 가르칠 표현과 내용 파악 질문 등을 넣어둔다. 물론 Production에 해당하는 부분은 거의 활동 방법을 알려주는 것이기

에 질문이 많지는 않다. 학생들에게 할 질문은 보통 Presentation 단계에서 내용을 파악할 때 필요하다.

수업 플래너는 다른 사람이 만든 것을 활용하기보다 자신이 직접 만들어 출력하여 쓰는 것이 좋다. 여러 틀 중에 내 취향에 맞는 것을 고르되, 너무 많은 것을 적을 필요 없이 나의 수업 플랜에 필요한 주요 정보를 적을 수 있도록 칸을 나눈다. 문제 학생이나 특징적인 학생들은 어떻게 기록할까? 이런 학생들에 대해서는 따로 반별 명렬표에 기록한다. 이 학생들이 영어 수업을 계획하는 데 있어서 돌발변수이지 영어 수업 계획의 일부는 아니기 때문이다.

플래너는 차후 연도에 영어전담교사를 또 할 때도 유용하게 쓰인다. 특히 같은 학년을 맡아 전년도에 이어 같은 교과서를 다룬다면, 전년도에 썼던 플래너는 거의 바이블처럼 쓰인다. 전년도의 플래너를 보고 괜찮았다고 느꼈던 활동을 그대로 활용하고, 개선이 필요하다면 내용을 일부 바꾸거나 추가한다. 다른 학년을 맡았다고 해도 내가 썼던 좋은 활동들을 찾아서 비슷하게 바꿔 쓰면 된다. 그래서 전년도 플래너를 가지고 있으면 든든하다.

사실 내가 사용하는 수업 플래너는 꽤 지저분하다. 나는 글씨를 잘 쓰는 편도 아니고, 수업하면서 좀 달리하는 게 좋겠다는 판단이 들면 그것을 지우고 또 다른 것을 쓰는 작업을 반복한다. 또한 수업 시 이런 활동을 해야지 하는 게 생각나면 나만 알아볼 수 있을 정도로 휘갈겨 쓰게 된다. 보통 같은 수업을 서너 번 반복하면 그때 가장 수업에 적합한 베스트 플래너가 만들어진다.

※ 영어 수업 플래너 양식

(QR코드를 스캔하면 자료를 다운받을 수 있습니다.)

5

수업 준비,
이렇게는 하지 말자

 수업 준비를 효율적으로 하기 위해서는 선택과 집중을 해야 한다. 굳이 하지 않아도 되거나 지엽적인 부분에 매달려 수업을 준비하기에는 우리의 일과 시간이 너무 짧다. 불필요하거나 나의 소중한 수업 준비 시간을 잡아먹는 다음의 활동을 자제하자.

지도서에 있는 발문과 활동, 웬만하면 그대로 다 한다?

각 영어 교재 출판사가 제공하는 지도서에는 영어로 수업을 진행할 수 있도록 단계별로 교사가 가르쳐야 할 주요 발문, 지시문이 적혀 있다. 학생들에게 제시하거나 질문할 내용이 잘 나와 있다. 하지만 맹신할 게 못 되는 경우가 많다. 꼭 필요한 내용만 나와 있거나 반대로 수업에 불필요한 내용도 있기 때문이다. 예를 들어 다음 역할놀이에 해당하는 지도서의 한 부분을 확인해보자.

> ### Stroy time 이야기 만들어 역할놀이하기
>
> • 모둠이 모여 역할놀이 장면을 만들게 한다.
>
>   T: Let's get into groups. Use the scene to create a role play.

만약 이대로 교사가 설명하면 학생들이 역할놀이를 제대로 할 수 있을까? 위 지문처럼 "자 여러분, 모둠끼리 모여서 연습하세요(Now, practice in your team)."라고 말하면 학생들은 곧바로 "어떻게 해요?", "모둠은 어떻게 나눠요?", "잘 모르겠는데요.", "그냥 우리가 알아서 하면 안 돼요?"라고 말할 것이다. 지도서가 잘못되었다는 것이 아니다. 지도서는 핵심적인 발문 중심으로 기재되어 있다. 그 외의 세부 발문은 교사 스스로 정하고 말해야 한다.

지도서를 읽으면서 각 핵심적인 발문 사이사이에 학생들에게 어떤 말을 넣어서 지도할지 고민해야 한다. 말로 하는 것보다 보여주는 게 효과적이며, 단원별로 반복되는 사항이 있으면 PPT를 만들거나 칠판에 써두자. 아래는 교사용 지도서에 나와 있는 수업 마지막 단계의 Let's Review의 예시이다.

Let's Review

• 학생들이 스스로 복습 계획을 세울 수 있도록 한다.

  T: Can you write the sentences using "My favorite _____ ?"

  S: 학생들은 자신의 성취도만큼 표시한다.

  T: Please show how well you did.

  S: 학생들은 자신의 복습 계획을 작성한다.

지도서에 나온 위 내용은 학생 스스로 언어기능별로 제대로 했는지 표시를 하고 이에 따라 복습 계획을 세우는 장면이다. 이걸 꼭 해야 할까? 학생들은 정말 스스로 복습 계획을 세울까? 이게 단원을 마무리하는 과정에서 꼭 필요할까? 복습 계획을 세운 것을 학생들이 정말 이행할지 의문이 들기도 한다. 학습목표를 달성하는 데 도움이 되지 않는다고 생각되면 과감히 삭제하거나 다른 차시로 넘겨야 한다.

수업의 주도권을 교사가 쥐고 수업을 설계할 때 지도서는 분명 중요한 도움을 주는 자료이다. 하지만 효율성이 적거나 다른 더 중요한 활동 시간이 줄어든다면 과감히 생략할 줄도 알아야 한다.

모든 활동은 내 손으로 제작한다?

수업하다 보면 Production(심화활동) 부분의 형태가 비슷하다는 걸 느끼게 된다. 비슷한 보드게임이 2단원에서 나온 게 4단원에서도 나온다. Information Gap(정보차 활동)도 내용만 다르지 형태는 비슷하다. 그렇다고 활동할 때마다 교사가 직접 제작하는 것은 매우 힘든 일이다.

교사 커뮤니티에는 영어 수업에 관한 활동(게임)을 많은 선생님이 제작하여 업로드한다. 그 업로드가 된 것을 적극적으로 다운받아 사용해도 된다. 실행해보고 그 내용을 적절히 내 입맛대로 변형하여 사용해도 되고, 각 영어 교재 출판사 홈페이지에 올라와 있는 활동을 사용해도 좋다. 때로는 해외 영어 교육 관련 웹사이트에서 워크시트를 다운받아 사용할 수도 있다.

교사 스스로 모든 자료를 제작하는 건 생각보다 많은 시간과 노력이 요구된다. 중요한 건 목표언어를 학생들이 더 잘 습득하고 발화에 도움이 되는 활동이 무엇인가이다. 내가 만들었냐 남이 만들었냐는 그다음 문제이다. 좋은 활동과 자료가 있으면 과감하게 벤치마킹하여 수업에서 사용해야 한다. 단, 외부 자료는 반드시 스스로 시뮬레이션을 해봐야 한다. 파워포인트 파일을 다운 받았다면 내가 학생이라고 생각하고 슬라이드쇼를 해보자. 워크시트면 마음 속으로 답을 달아본다. 그러면 어색하거나 오류가 있는 부분, 너무 어려운 단어들이나 개인정보와 저작권 보호 문제 등이 있는지 알 수 있다. 자료를 늘 확인하고 편집하여 쓰자.

워크시트를 꼭 제공해야 한다?

학생들이 하는 활동에 꼭 워크시트를 복사나 출력해서 나눠줘야 직성이 풀리는 선생님들이 있다. 그렇게 정성을 들여 만들었는데 학생들이 그 자료를 함부로 다루면 속상하기도 하다. 나는 수업 중 워크시트도 쓰지만 되도록 영어 공책을 많이 활용하려고 한다. 특히 학생들에게 퀴즈를 내고 순서대로 답을 적는 경우 워크시트는 거의 쓰지 않는다.

예를 들어 'Open your English notebook. Write down this title.'이라고 칠판에 적는다. 그리고 학생들에게 위에 적은 글 밑에 답을 번호 순서대로 쓰게 한다. "Number in order. Put spaces like this. Write the answers here."라고 쓰면 학생들이 따라 적는다.

학생들이 쓰기 복잡한 프레임이 필요할 때, 표 만들고 쓰는 시간이 오래 걸릴 것 같으면 워크시트를 만든다. 학생들이 여기저기 돌아다니면서 기록을 해야 할 때도 워크시트가 좋다. 하지만 단순히 표에 답을 적는 경우에는 군이 워크시트가 필요 없다. 단순한 표는 영어 공책에 학생들이 충분히 스스로 그릴 수 있다. 어차피 공책에 가로선이 있으니 세로선 몇 개 추가하고 각 항목만 적으면 된다.

활동 1, 2, 3은 꼭 한다?

활동 1, 2, 3을 모두 해야 하며, 꽉꽉 들어찬 1분, 2분이라도 헛되이 쓰지 않는 게 좋은 수업이라는 관점이 한때 있었다. 역할놀이를 10분 만에 끝낼 수 있다고, 활동 4개도 한 수업에 다 할 수 있다고 강변하는 선생님도 있었다.

활동을 많이 구안하는 선생님들의 심리는 무엇일까? 충실한 수업을 하고자 하는 열정일 수 있다. 또는 내가 할 수업은 다 했는데 시간이 남는 게 두려울지도 모른다. 난 다 가르쳤는데 10분이 남으면 학생들이 "다음에는 뭐 해요?"라고 물었을 때 더 가르칠 것이 아무것도 없을 때의 난감함은 무엇이라 표현할 수 없다. 그래서 이럴 때를 대비해서 자투리 시간에 할 활동을 미리 준비해 둔다.

많은 활동 계획을 세우게 되면, 교사는 수업 시간 내에 계획한 활동을 끝내야 하는 압박감에 시달릴 수 있다. 그 압박감은 자기도 모르는 사이에 학생들에게 전가되기도 한다. 아직 활동 2가 안 끝났는데 수업이 10분도 채 남지 않았다면 그것 또한 큰 압박이다. 그래서 Presentation과 Practice 단계를 합쳐서 하나의 활동으로 구안하기도 한다. 크게 Presentation + Practice와 Production으로 두 개의 활동을 구안하는 것도 좋다. 너무 많은 활동은 학생과 교사를 옥죌 수 있다는 점을 명심하자.

좋은 활동을 계속 찾아본다?

교사 커뮤니티에서 성실하고 이타적이며 고마우신 많은 선생님이 차시별 새로운 활동거리 및 파일을 친절하게 업로드한다. 그분들의 노력이 없었다면 좋은 수업 자료를 벤치마킹하지 못해서 수업 준비가 고되었을 것이다.

하지만 내 맘에 딱 드는 활동이 없다고 해서 무작정 인디스쿨의 자료 바다에 푹 빠져서 계속 이것저것 다운만 받기도 한다. 인디스쿨이든 출판사 자료실이든 내가 원하는 걸 찾아보고 없으면 바로 직접 제작하는 것 더 빠르고 효율적이다.

활동 자료를 반드시 PPT로 만들지 않아도 된다. 때로는 좋은 아이디어와 전략이 PPT에 다 담기지 않아도 된다. 교사의 말, 칠판 판서, 시범으로도 활동을 소개하고 진행할 수 있다.

활동의 소개 자료가 간소할수록 교사의 자세한 설명이 요구되는 건 사실이다. 활동 소개의 오류를 줄이고, 좀 더 효율적으로 설명하기 위해서는 자료를 직접 만드는 것이 좋은 방법이다.

6

수업 시간이 남을까 두렵다면?

 시계를 본다. 아직 10분이 남았는데 내가 준비한 활동이 끝나 간다. Production 부분에서 준비한 활동 3. 아이들끼리 인터 뷰해서 짝 찾아오기가 생각보다 일찍 끝나버렸다. 나는 괜히 궁금하지도 않은 오늘 활동을 해보고 느낀 점을 아이들에게 묻는다. 몇몇 아이들이 손들고 대답했다. 그래 도 7분이 남았다. 지금 이 상황에서 시간을 때우고자 노트에 몇몇 문장을 베껴 적으라 면 아이들이 할까? 아까 부른 단원송 또 불러? 에라 모르겠다.

"애들아, 일찍 끝났으니까 미스터 빈 동영상이나 보며 쉬자."

정해진 40분에 수업을 정확하게 끝내는 건 쉽지 않다. 특히 시간이 부족할 때 애매하다. 10분밖에 남지 않았는데 새로운 활동을 소개해야 할지 고민된 다. 활동 3을 시작하자마자 3분 만에 끝내야 할 때도 있다. 해야 할 활동이 많 아지면 그만큼 조급해진다. 조급하면 충분한 설명도, 예외적인 상황에 대한 학생의 질문도 받기 어렵다. 물론 수업에 집중하는 학생들은 상황을 잘 파악 하고 그날 활동을 충실히 해내기도 한다. 하지만 그렇지 않은 학생들은 제대 로 활동에 몰입하지 못한다.

반대로 시간이 남았을 때 또한 은근히 진땀이 난다. 특히 남는 시간에 할 수 있는 게 없다면, 할 수 있는 활동이 특별히 떠오르지 않는다면. 그렇다고 시간이 남는다고 학생들에게 자유시간을 매번 주기도 어렵다. 교사 입장에서 수업시간이 남는 게 모자라는 것보다 더 당황스럽다. 새로운 활동 방법을 설명하고 무언가 하기에는 그 시간이 너무 짧다.

그래서 자투리 시간에 할 것을 미리 만들어두면 1년이 편하다. 자투리 시간은 아무리 많이 남아도 15분, 적게 남으면 4, 5분 정도다. 많은 설명이 필요하지 않고 단순하게 할 수 있는 것이면 좋다. 한 번 했어도 다음에 남은 것을 또할 수 있으면 더 좋다. 자투리 시간에 할 활동을 미리 준비해두고 시간이 남으면 꺼내 쓰자.

자투리 시간이라도 무의미하게 보내면 안 된다. 학생들이 영어를 배우기 위해 내 앞에 앉아 있으니 최소한 영어를 다루는 활동이어야 한다. 때로는 해당 단원과 관계가 없을 때도 있다. 매번 같은 활동을 하면 학생들이 지겨워할 수 있으니 그때그때 다른 활동을 준비하자.

행맨(Hangman)

영어 단어 맞히기의 고전이다. 이 활동은 아무 때나 교구 없이 할 수 있다.

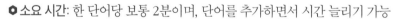

● **준비도:** ★
● **재미:** ★ ★ ★
● **활용도:** ★ ★ ★
● **교사 개입:** 상
● **소요 시간:** 한 단어당 보통 2분이며, 단어를 추가하면서 시간 늘리기 가능
● **준비물:** 분필 또는 보드마카
● **활동 목표:** 스틱맨이 죽기 전에 단어 맞히기

○ 활동 방법

❶ 먼저 교사가 단어를 하나 생각하고, 그 단어의 알파벳 수에 맞게 알파벳 들어갈 곳에 각각 밑줄을 긋는다.

❷ 학생들이 그 단어의 알파벳을 맞히면 그 밑줄 위에 알파벳을 표시한다.

❸ 학생들이 말한 알파벳이 그 단어에 없으면 라이프를 깎는다.

❹ 라이프는 보통 10개가 있는데, 10개가 다 지워질 동안 단어를 맞히지 못 하거나 스펠링을 다 맞히지 못하면 모든 참가자들이 진다. 이와 반대로 10개의 라이프를 다 지우기 전에 스펠링을 모두 맞히면 모든 참가자들 이 이긴다.

❺ 라이프를 지울 때 위 교수형을 당하는 사람의 획을 하나씩 그린다.

○ 활용 방법 및 유의점

- 교수형 당하는 사람의 모습이 잔인해서 싫을 경우에는 풍선에 매달린 사 람을 그리고 10개의 풍선을 지워나가도 된다. 풍선 대신 자석을 붙여 놓 고 틀릴 때마다 자석을 떼어내면 된다.

- 문제로 낼 단어를 단원의 주요 단어로 설정하면 더 자연스럽다.

- 알파벳 수가 같은 두 단어를 주고 한 단어는 남학생이 풀고, 한 단어는 여 학생이 풀어서 대결해도 좋다.

- 온라인(https://www.coolmathgames.com/0-hangman)으로도 할 수 있으 며, 교실에 스마트 패드가 있으면 학생 스스로 할 수 있다

- 익숙해지면 학생들끼리 서로 문제 내고 답할 수도 있다.

이보다 더 자기주도적일 수 없다. 서로 다른 영어 그림책이 주는 묘미가 있다. 그리고 학생 스스로 읽으므로 더 좋다.

- ○ 준비도: ★★
- ○ 재미: ★
- ○ 활용도: ★★
- ○ 교사 개입: 하
- ○ 소요 시간: 최소 5분
- ○ 준비물: 서로 다른 영어 그림책 한 학생당 한 권
- ○ 활동 목표: 영어 그림책과 친해지기

○ **활동 방법**

❶ 서로 다른 영어 그림책을 미리 구입하거나 도서관에서 대여해 책장에 꽂아 놓는다. 영어 그림책은 아주 쉬운 것부터 약간 어려운 것까지 준비한다.

❷ 자투리 시간에 Reading Time이라고 말하면, 학생들은 선생님 앞에 쌓여 있는 영어 그림책을 선착순으로 가져간다.

❸ 학생들에게 뜻을 이해하든 하지 못하든 크게 소리 내서 읽으라고 한다.

❹ 그냥 재미로 처음부터 끝까지 읽게 한다. 모르는 단어가 나와도, 무슨 소리인지 몰라도 그냥 주욱 읽게 한다. 다 읽은 학생은 책을 들고 뒤로 나간다. 뒤에 나간 학생끼리 바꿔 읽는다.

○ **활용 방법 및 유의점**

- 영어 그림책의 내용을 학생들에게 설명하거나 이해시키기 어려울 수 있

다. 학생들이 서로 다른 영어 그림책을 확인하고 어떤 내용인지 추측해보는 데 의미를 둔다.

- 시간이 좀 더 남으면 읽는 것을 중단시키고 원하는 학생이 나와서 실물화상기 앞에 펼쳐서 읽는다. 또는 "본인이 읽은 책을 다른 친구에게 추천할 사람?" 이렇게 물어보고 발표시킨다.
- 영어 그림책이 없으면 교사가 잘 아는 영어 그림책을 직접 읽어주는 것으로 대신한다. 그리고 뜻을 한국말로 설명해도 된다.
- 영어 그림책의 권수가 부족하면 짝당 한 권을 주고 한 문장씩 번갈아 가며 소리 내어 읽게 한다.
- 문장을 읽지 않고 그림만 보는 학생이 있으면 영어 그림책이 영어 문장을 쓸 수 있도록 만든다고 설명한다.
- 충분한 영어 그림책이 없으면 교사가 한 권을 골라서 실물화상기에 보여주며 읽어준다.

각종 영어 퀴즈

○ 준비도: ★★★
○ 재미: ★★★
○ 활용도: ★★★★
○ 교사 개입: 상
○ 소요 시간: 3분 이상
○ 준비물: 영어 퀴즈 관련 실물
○ 활동 목표: 영어 관련 상식 익히기

⬡ 활동 방법

❶ 각종 영어 퀴즈를 미리 만들어둔다.

❷ 학생들을 모둠 A, B(또는 남녀 대결)로 나눈다.

❸ 퀴즈 정답을 아는 학생은 손을 들게 한다.

❹ 손을 든 학생이 정답을 맞히면 1점을 준다.

❺ 점수가 많은 모둠이 승리한다.

영어 퀴즈의 종류

그림 퀴즈

• 영어 단어에 대한 그림 또는 사진을 평소에 준비해둔다.

• 실물화상기로 처음에는 확대된 상태로 일부분만 보여준다.

• 점차 실물화상기 배율을 축소하고, 학생들은 무엇인지 영어로 답을 맞힌다.

K-pop 노래 영어 제목 맞히기

• K-pop 노래를 준비한다. 멜론이나 유튜브에서 과년도 K-pop 인기가요로 검색해서 그중 영어로 된 노래 제목을 찾는다.

• 1분 동안 노래를 들려주고, 학생들은 노래 제목을 맞힌다.

영어 단어 스무 고개

• 보드(또는 PPT 작업판)에 영어 단어를 적는다.

• 학생들은 선생님이 Yes나 No로 대답할 수 있게 질문한다. 교사는 Yes나 No로 대답한다. 질문 예시를 영어로 만들어 보여줘도 좋다. (ex. Is it big? Can we eat them?)

• 20번의 질문 기회 안에 그것이 무엇인지 학생들이 맞힌다.

영어 노래 다섯 고개 퀴즈

• 하나의 영어 단어를 정답으로 정하고, 그 정답에 대한 힌트 5개를 영어로 적어둔다. 가장 결정적인 힌트는 나중에 나오게 배열한다.

• 가장 어려운 힌트부터 하나씩 보여준다. 여러 명이 틀리면 그다음 힌트를 공개하고 답을 맞히게 한다.

• PPT 준비가 안 되었으면 교사가 단원의 핵심단어 중에 몇 개 골라 힌트를 직접 말로 들려주거나 영어로 칠판에 써준다.

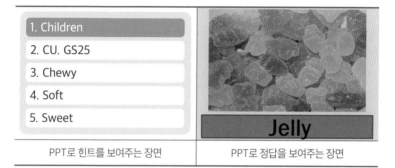

| PPT로 힌트를 보여주는 장면 | PPT로 정답을 보여주는 장면 |

○ 활용 방법 및 유의점

- PPT 자료는 꼭 만들지 않아도 되며, 콘텐츠만 준비하여 실물화상기나 칠판을 활용해도 좋다.

- 때로는 모둠 게임을 한다. 여자 대 남자, 1, 2, 3모둠 대 4, 5, 6모둠으로 해도 좋다.

- 자료를 미리 만들어두거나 교사 커뮤니티 등에서 다운받아 준비한다.

활동 방법을 설명하기에도 애매한 시간이다. 무언가 새로운 활동을 한다기보다는 학생의 휴식 차원, 단원의 마무리 등을 위해 간단한 활동을 한다.

- 반 전체 학생에게 "오늘 배운 내용이나 들은 문장을 발표할 사람?" 하고 묻는다. 가장 먼저 발표하는 학생은 첫 번째로 교실을 나간다고 하여 동기부여를 한다. 친구가 먼저 말한 문장은 말할 수 없으며, 조금이라도 문장이 달라야 한다고 설명한다.

- Variation time(확장 말하기 시간)을 갖는다고 말한다. 칠판에 그동안 배웠던 주요 언어기능 패턴을 써놓고, 그 패턴의 ___ 안에 들어갈 단어로 문장을 만들어 발표시킨다. 발표를 잘한 학생을 첫 번째로 나갈 수 있도록 한다.

  예를 들어 아래처럼 2단원의 핵심표현 패턴을 적어두고, 학생들이 빈칸을 채워 발표하게 한다.

  I usually _____ at home.

  Sorry but I _____.

- 쉬운 팝송의 뮤직비디오를 유튜브에서 검색해서 영어 자막과 함께 보여준다. 그리고 영상을 보면서 단어 등이 무엇인지 물어본다

- 영어를 사용하는 나라들의 아름다운 전경을 담은 동영상을 보여준다. 유튜브에서 beautiful places in the world(or New York, Sydney, Singapore)로 검색하면 그 나라나 도시의 아름다운 장소들이 나온다. 해당 단원의 영어 문화와 연계한 수업이라고 설명한다.

차시별 수업, 이렇게 하자

1

1차시 Listening-Speaking 1 〈듣기 중심 활동〉

 아이가 엄마 배 속에 있으면서 태교를 할 때 가장 먼저 열리는 감각기관이 귀라고 한다. 듣는 행동이 반복되어 결국 자연스러운 발화로 이루어지는 것을 강조하는 것이 'The Natural approach'이다. 즉 언어 말하기 능력을 향상하기 위해 듣기가 먼저 선행되야 한다는 것이다.

단원의 첫 차시인 Listening 중심 수업에서는 학생들이 주어진 의사소통 상황을 이해하고 주요 표현이 어떻게 쓰이는지를 파악하는 것이 중요하다. 그리고 그 이해를 바탕으로 파악된 목표언어를 따라 말해보고, 나아가 상황별로 말하는 것도 포함된다.

Listening에 국한된 활동만 할 필요는 없다. Listening을 토대로 Speaking을 연습하는 것도 좋다. 1, 2차시를 하나로 묶어서 Listening and Speaking이라고도 할 수 있다. 상대방과의 대화 자체가 듣기, 말하기를 포함한다. 1차시는 듣기에 좀 더 초점을, 2차시에는 말하기에 좀 더 초점을 맞출 뿐이다.

(1) Greeting(인사)

수업의 가장 첫 부분이다. 먼저 학생들을 전반적으로 살펴보고, 빠진 학생이 있는지 확인한다. 그리고 "Good morning(afternoon)." 하고 인사를 한다. 이후 학생들에게 시작 질문을 한다. (How is the weather?, What day is it today?, How was your weekend?) 그런 후 짝끼리 시작 대화를 시킨다. (How are you today?, What did you do yesterday?) 시작 질문과 대화가 끝나면 본격적으로 수업에 들어간다.

(2) 단원의 개관 및 동기유발

단원 소개 부분에서 학생들은 이 단원에서 어떤 내용을 배울지 대략적으로 파악하게 된다. 처음부터 교과서를 다룰 수도 있지만 다양한 동기유발 방법을 활용한다. 그렇다고 동기유발을 위해 교사의 에너지가 지나치게 쓰일 필요는 없다.

다음은 단원 개관 자료의 예이다. 중요한 건 한 영상을 보여주고 끝나는 것이 아니라 자연스럽게 그 단원의 주요 표현을 섞어서 학생들에게 질문하는 것이다. 그러면 단원의 배울 내용이 자연스럽게 표현과 연결된다. 학생들이 이해하지 못하면 그때 한국말로 설명한다. 이 단원에서는 이런 표현과 묻고 답하기를 많이 할 것이라고.

선행학습을 한 학생들이 교실 곳곳에 있다. 해당 표현을 처음 배운 학생들에게는 그들의 대답이 좋은 예로 활용될 수 있다. 단원의 개관을 위한 자료를 찾기 어려울 때는 각 단원 첫 페이지를 함께 보며 주요 표현을 다룬다.

• 단원 Where are you from?

☞ 각 나라의 국기를 보여주며 영어로 말해보게 하기

T: Where are you from?

S: I am from _____.

T: Can you tell me what I just asked?

(방금 선생님이 뭐라고 질문했지요?)

S: Where are you from?

T: Yes. (이 말은 바로 여러분의 출신지를 묻는 표현입니다.)

• 단원 What do you do on weekends?

☞ 외국 아이들의 일상에 대한 인터뷰 동영상 보여주고 묻기

• 단원 May I sit here?

☞ 한국과 미국의 예절 비교 동영상 보여주기 또는 학생과 대화 나누기

T: Hi. Tom.

S: Hello. Mr. Cho?

T: (학생의 연필을 집으며) May I have your pencil?

S: What?

T: May I have your pencil? (너 연필 내가 가져도 돼?)

S: No.

T: Hello. Sumin. May I sit here? (너 옆자리에 앉아도 돼?)

S: Yes.

T: (교사가 학생 옆자리에 앉는다.)

S: Wow, there is a nice pen. May I write something in your book with this pen?

· 단원 Whose sock is this?

☞ 교과서를 보며 물건 주인 물어보기

T: Look at page 54. (손가락으로 가리키며) What's this?

S: It's a mirror.

T: OK! Good. Whose mirror is this? (자, 누구의 거울일까요?)

S: It's Bora's.

단원의 개관을 곧 1차시 듣기 중심 활동의 동기유발로 삼아도 된다. 단원의 개관 때 단원 노래에 관한 영상을 보여줘도 괜찮다. 학생들이 직관적으로 이번 단원에서 배울 표현을 인식하기에 좋다.

3, 4학년에게는 교과서에 있는 단원송을 이때 보여준다. 난 5, 6학년을 대상으로는 지도서의 단원송을 잘 활용하지 않는데, 주요 표현들을 너무 기존의 익숙한 노래 멜로디에 억지스럽게 끼워 맞췄기 때문이다.

(3) 단원의 주요 단어, 표현 소개 및 익히기

TV 요리 프로그램을 보면 요리하기 전에 재료 소개부터 한다. 재료를 알아야 요리를 할 수 있다. 영어 수업도 마찬가지이다. 의사소통을 이해하거나 자기의 생각과 느낌을 영어로 표현하는 것이 요리라고 한다면, 그 안의 하나하나 재료가 바로 단어와 주요 구문이다. 단어와 표현을 미리 알고 담화 (dialogue)를 접하는 것과 그렇지 않은 것은 천지 차이이다. 아무런 역사 지식 없이 국립중앙박물관에 가는 것은 감흥이 없다. 하지만 역사적 의미나 가치를 알고 방문하면 같은 유물도 전혀 달라 보인다.

주요 표현과 단어 익히기의 배경 지식을 활성화하면 이후 이어지는 담화가 학생들에게 더 와닿게 된다. 따라서 직접 대화를 들려주기 전에 주요 표현부터 학생들과 익힌다.

주요 표현과 단어 익히기에는 파워포인트를 주로 사용한다. 먼저 해당 단원의 새로운 어휘와 표현을 찾아 따로 파워포인트 파일을 만든다. 직접 만들기 어려우면 영어 교재 출판사 또는 교사 커뮤니티에서 자료를 다운받는다.

단어를 처음 제시할 때는 그 뜻을 나타내는 그림을 함께 배치한다. 그래서 학생들이 직관적으로 단어에 대한 이미지를 함께 보게 하여 의미를 기억하게 한다. 그러면서 교사의 발음을 따라서 읽게 한다.

그 이후 단어의 이미지와 뜻만 보여준 후 영어로 말하게 한다. 이때 학생들이 대답을 잘하지 못해도 무방하다. 처음 접한 영어 단어를 기억해서 바로 말하는 것은 무리가 있기 때문이다. 어려워도 도전해보라고 말한다.

주요 표현은 조금 더 자세하게 설명해야 한다. 각 단원의 핵심표현을 이때 설명하게 된다. 핵심표현은 보통 2차시의 Practice에서 나온다. A와 B의 대

화를 빈칸이 있는 형태로 제시한다. 그리고 빈칸에 글자를 바꿔가면서 듣고 따라 읽게 한다.

(4) 학습목표 제시

학습목표는 단순하게 보여준다. 주로 학생들이 보는 앞에서 칠판에 쓰거나 미리 써둔다. 이는 학습목표를 PPT에서 보여주면 순간 나타나서 바로 사라지기 때문이다.

학생들에게 칠판에 적어둔 내용으로 오늘 집중해야 할 것을 알려준다. (Today you will listen to and say the expressions of countries.) 그리고 학생들에게 "오늘 이것이 여러분의 목표입니다. This is the goal of the lesson today."라고 언급한다.

(5) Dialogue 이해 및 주요 표현 듣기 활동

이제 주요 표현이 들어 있는 대화를 듣고 이해할 차례이다. 출판사마다 이 부분을 부르는 말이 다르다. Look and Listen이기도 하고 Fun talk이기도 하다. 어쨌든 실생활에서 학생들이 접하는 일상의 대화를 듣고 이해하는 시간이다. 여유가 있으면 대화를 듣기 전에 그 내용을 담은 그림을 보면서 학생들에게 어떤 내용일지 추측하게 하고 물어본다.

출판사 DVD 클립으로 대화하는 장면을 함께 본다. DVD 내용은 출판사 홈페이지에도 있으나 되도록 컴퓨터에 모두 설치하고 프로그램을 실행시키는 게 안정적이고 빠르다. DVD 클립을 다 함께 본 후에는 내용 파악 질문을 한다. 지도서에도 예시 질문이 있지만, 교사가 추가적인 질문거리를 만드는 것이 좋다. 수업 준비에 여유가 있으면 질문과 답변을 PPT에 넣고, 여유가 없

교과서의 다이얼로그 스크립트의 예	영서: I like Science class. 도형: Me, too. I like the ① science teacher, Mr. White, He's very fun. 나라: ② I don't like science. 도형: What's your favorite subject, Nara? 나라: My favorite subject is ③ English. I like to study English. Mr. White: Hello, everyone. We will try something. 영서: Yeh! I like to do this. (④ 드라이아이스에 물을 부으니 연기가 난다.) Mr. White: Good job.
위 담화에 대한 교사의 질문 예	① Who does 도형 like? ② Does 나라 like Science? ③ Which subject does 나라 like? ④ What did 영서 do next?

으면 바로 질문한다.

그리고 한 번 더 대화를 들려준다. 이때는 영어 자막을 켜고 나서 대화를 듣는다. 자막을 켜고 듣는 이유는 첫 번째 들었을 때 학생들이 놓쳤던 부분을 다시 한번 명확히 확인하기 위함이다. 새로운 표현이 나오면 중간중간에 재생 중인 동영상을 멈추고 그 문장을 해석해 준다. 문장을 해석할 때는 영어 어순에 맞게 하는 것이 중요하다.

모두 들었으면 가장 핵심적인 표현만 골라 Listen and Repeat을 하게 한다. 어차피 다음 말하기 차시에서 Listen and Repeat을 중점적으로 하기 때문에 핵심표현만 간단히 하고 끝낸다. 이후 교과서에 나오는 Listen and mark 또는 Listen and check 등의 활동으로 대화나 글을 듣고 잘 이해했는지 표시하게 한다.

(6) Production 활동

듣기-말하기에 관련된 Production 활동은 전체 수업에서 가장 역동적이다. 각 단원, 차시별로 학생들이 능동적으로 참여한다. Production 활동은 게임 활동, 정보차 활동, 학생 중심 활동을 포함한다. 활동 방법을 설명할 때는 다음의 순서를 따르는 것이 효과적이다.

❶ 교사 주도 설명
교사가 먼저 전반적인 활동(게임) 방법을 '이름 - 목표 - 방법 - 유의점' 순으로 설명한다.

❷ 시범 보이기(Simulation)
활동 방법 설명이 충분하지 않을 경우에는 시범을 보여주는 것만큼 확실한 것이 없다. 시범 보이기를 하면 그만큼 학생들의 잘못된 행동이 줄어든다. 활동 방법이 간단하거나 수업의 남은 시간이 별로 없으면 이 과정을 어쩔 수 없이 생략해야겠지만, 되도록 한 번은 해보는 것이 좋다.

시범 보이기는 다음의 형태 중에 한두 개를 보여주면 된다. 게임 자료가 실물일 경우에는 실물화상기에 보여주며 설명하는 것을 추천한다.

- **교사가 학생 A와 학생 B 역할을 모두 맡아서 시범 보이기**
  - 교사가 학생 A와 B의 역할을 번갈아 가면서 진행하고, 학생들은 그것을 관찰한다.
  - ☞ 활동이 간단할 경우에 이 방법을 쓰면 좋다. 단, 들고 있어야 하는 물품이 많으면 설명하는 것이 쉽지 않다.

- **교사가 학생 A 역할을 하고, 학생 B는 자기 역할을 맡아서 시범 보이기**
  - 시범 보이기 중 가장 자주 사용하는 방법이다. 한 명의 학생과 교사가 활동을 진행한다. 말판놀이 같은 활동일 경우 말판을 교사 책상에 올려두고 실물화상기를 보여주면서 진행한다. 교사가 학생 A를 맡고 학생이 B를 맡아서 나머지 학생들 앞에서 몇 번 보여준다.
  - ☞ 중간중간에 교사가 설명을 곁들이고 유의사항을 설명하기에 좋다. 학생들이 설명을 좀 더 집중해서 듣는다.

- **학생 A와 학생 B가 나와서 맡은 역할 시범 보이기**
  - 학생 A와 학생 B가 규칙대로 활동을 진행한다. 중간중간에 교사가 개입하여 활동 방법을 설명한다.
  - ☞ 시간이 좀 더 많이 남을 때 사용한다. 학생 A와 학생 B가 실수를 해도 괜찮다. 그것을 통해 유의사항을 알려줄 수 있기 때문이다.

❸ 활동 유의점 설명

학생들이 흔히 범할 수 있는 실수를 미리 알려준다. 활동이 원활하게 이루어지는 데 방해되는 학생들의 예상 행동을 알려주고 사전에 주의를 준다. 규칙이 애매할 때는 어떻게 해야 하는지를 강조한다. 이때 충분히 설명하면 활동 중에 학생들의 질문이 대폭 줄어든다. 반면, 이 부분을 너무 간단히 하고 지나가면 반칙을 하거나 활동을 엉뚱한 방법으로 진행하는 학생이 늘어난다.

❹ 실제 활동하기

학생들이 스스로 활동을 진행하거나 교사와 함께 Production 활동을 한다. 이때 활동의 형태에 따라 교사의 역할이 달라진다. 교사가 활동 내내 주도

해야 하는 활동(Listen and Pick up, Listen and Circle 등)이라면 교사는 지속해서 지시어를 말하거나 보여줘야 한다. 이에 반해 학생 간 활동, 즉 모둠 또는 짝 활동인 경우에는 교사가 학생들의 활동을 관찰한다.

때로는 활동 방법을 잘 모르는 학생들을 도와주는 역할도 필요하다. 아울러 편법을 사용하는 학생, 규칙을 의도적으로 어기는 학생, 한국말만 하는 학생들을 지도한다.

❺ 활동 마무리하기

활동이 끝나면 간단하게나마 학생에게 보상(reward)한다. Winner를 일어나라고 하고 다 같이 박수를 보낸다. 그리고 Winner에게 선생님 말을 따라하라고 한다. "I won the game. I am the best student." 때로는 수업이 끝나고 먼저 교실을 나가게 해준다.

작은 보상이지만 학생들은 좋아한다. 물론 어려운 미션을 수행한 경우에는 쿠폰을 뽑게 하거나 사탕을 주기도 한다. 하지만 물질적 보상을 너무 자주 하지는 말자. 학생들이 Production 활동 자체에 참여하고 영어로 말하며 쓰는 과정이 중요한 것이다.

대가를 바라고 하는 활동이 되어선 곤란하다. 보상이 크면 학생들은 그 보상을 염두에 두며 활동에 참여하게 된다. 결국 편법을 쓰는 학생이 늘어나고, 결과에 집착하게 되거나 활동 과정에서 마찰이 생기는 경우가 많아진다. 보상은 간소하게 간단히 하는 게 좋다.

(7) Wrap up

'구슬이 서 말이어도 꿰어야 보배'라는 속담이 있다. 흔한 말이긴 하지만 난 이 속담을 이렇게 바꾸고 싶다. '구슬 서 말을 꿰었어도 마지막 매듭을 잘 지어야 보배'라고. 진주를 줄에다 꿰었어도 마지막 매듭이 없다면? 진주는 바닥에 떨어지고 만다.

어떤 차시든 학생들의 뇌리에는 처음과 끝부분이 잘 남는다. 만약 Production 활동만 하고 Good Bye 하면서 수업을 마쳤다면 학생들은 게임

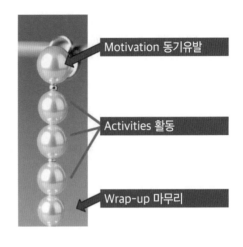

을 재밌게 했다는 것만을 느끼며 떠날 수 있다. 그래서 마지막에 핵심표현을 다시 한번 말하며 수업을 마무리하면 그 단어와 표현을 마지막 기억으로 남긴다. 시간이 모자라면 표현 몇 개만이라도 학생들 입으로 말하게 하자.

Wrap up을 교사가 따로 준비할 필요는 없다. '단원의 주요 단어, 표현 활동'에서 표현에 해당하는 그림을 보여주고 영어로 몇 문장 말하게 하면 된다. 또는 교사가 한국말로 말하고 이를 학생이 영어로 바꿔 말하게 한다. 그러면 학생들은 주요 표현들을 좀 더 뇌리에 기억하며 수업을 끝내게 된다.

1차시 수업의 Tip

○ 해당 단원의 주요 표현을 처음 만나는 시간이다. 1차시는 듣기-말하기에 초점을 맞추고 있으므로 학생들이 Dialogue Text를 보기 어렵다. 물론 듣고 말하기가 초점이긴 하지만, 학생들의 수준이 낮으면 해당 표현을 Text로 미리 제시하는 것도 나쁘지 않다.

'단원의 주요 단어, 표현 소개 및 익히기'에 사용했던 주요 표현을 학습지로 준비하여 미리 나눠주는 것도 좋은 방법이다. 그리고 차후에 이것을 가지고 쓰기 평가에 활용한다.

○ 1차시에 학생들이 주요 표현을 잘 말하지 못해도 안타까워할 필요가 없다. 어차피 단원 내내 주요 표현을 서로 다른 형태로 다루기 때문이다. 새로운 표현을 1차시부터 잘 말하고 표현하는 게 꼭 좋은 것만은 아니다.

선행학습을 했거나 공부를 잘하는 학생들이 많으면 좋을 수도 있지만, 그만큼 학생들은 더 이상 배울 게 없다고 느끼며 따분해하기도 한다.

○ 1차시에 등장하는 Dialogue를 일일이 여러 번 따라 읽게 할 필요가 없다. 1차시 Dialogue에는 그 언어가 사용되는 자연스러운 상황을 학생들에게 노출하는 것이 중요하므로 다양한 표현이 등장한다.

Listen and Repeat은 말하기가 강조되는 2차시에 많이 시키도록 하자.

2

2차시 Listening-Speaking 2 〈말하기 중심 활동〉

 1차시에 충분한 듣기 활동이 있었다면, 이제는 말하기 중심 차시다. 학생들이 이해하고 습득한 주요 표현을 연습하고, 이를 많이 표현하게 만드는 것이 중요하다.

예전 함께 근무했던 교장 선생님이 영어 공개수업 사후협의회 때 하신 말씀이 기억난다.

"좋은 영어 수업에는 학생들이 자의든 타의든 최대한 많이 표현해보게 만드는 과정이 있어야 한다고 생각합니다. 그리고 그 과정을 학생들이 즐기고 재미있어 하면 더 좋습니다."

나는 이 표현이 2차시 말하기 활동의 핵심이라고 생각한다. 그러기 위해서는 후반부로 갈수록 교사에서 학생으로 활동 주체가 넘어가야 한다. 즉 수업 마지막 부분으로 갈수록 학생들이 재밌게, 반복해서, 다양하게 말하도록 이끌어 나가야 한다.

(1) Greeting(인사)

1차시에 했던 출석 확인을 한다. 그 이후 "Good morning(afternoon)." 하고 인사를 한다. 학생들에게 시작 질문을 한다.(How are you?, Look outside, How is the whether?, What day is it today?, What's the date today?)

(2) Motivation(동기유발)

이 부분을 거창하게 해야 한다고 생각하는 교사들이 있다. 공개수업에서는 동기유발이 수업을 여는 열쇠라고 생각하여 특별한 교구를 준비하기도 한다. 하지만 교사의 입장에서는 동기유발이 언제나 새로워야 하고 복잡하면 수업 준비가 버겁다.

동기유발은 학생들에게 오늘 배울 수업을 준비시키는 과정이다. 여기에 영어에 관심과 흥미를 갖게 만드는 것, 그리고 이 표현을 왜 배워야 하는지 필요성을 알게 하는 과정이다. 다음은 동기유발의 예이다.

준비가 쉬운 동기유발의 예

• Greeting에 이어 주요 표현 넣어서 인사하기

친구들과 'Hello 또는 Hi'라고 한 후 주요 표현을 넣어 인사하게 한다. 이후 학생과 학생, 또는 교사와 학생 간 주요 표현을 사용하여 묻고 답하기를 한다. 'How much is it?'이 그 단원의 주요 표현이면 이렇게 말한다.

"Show me one thing your friends has. Ask how much it is." (친구의

물건을 손으로 가리키면서 얼마냐고 물어보세요.)

목표언어가 'How many ~?'라면 어떻게 해야 할까? 교사가 손가락으로 칠판을 가리키며 "How many magnets?"라고 물어본다. "3, 2, 1!(카운트다운)"을 하면 학생들이 "They are five."라고 말하게 한다. 틀려도 좋고 제대로 말하지 못해도 괜찮다. 대화를 해보는 것 자체만으로도 좋은 동기유발이다. 학생들이 제대로 말하지 못하면 모범답안을 교사가 안내한다. 아직 익숙하지 않아도 이런 시도가 학생들에게 '오늘 이런 걸 많이 배우겠구나.' 하는 분위기 환기 및 동기부여가 된다.

• 단원의 주요 단어와 표현 익히기로 대신하기

1차시에서 배웠던 단어와 표현 살펴보기나 이번에 배울 표현 익혀보기도 좋은 동기유발 중 하나다. 어차피 학생들이 배울 표현을 여러 가지 방법으로 익혀보는 것이므로 동기유발을 위해 준비할 게 없다면 단원의 주요 단어와 표현 익히기를 대신해도 된다.

• Let's sing 부분 같이 듣기 또는 불러보기

단원의 노래를 꼭 수업 중간에 따로 할애할 필요가 없다. 교과서에 나오는 단원의 노래를 함께 듣거나 불러본다. 그 이후 어떤 표현이 많이 나왔는지 물어본다. 그 표현을 오늘 많이 말할 거라고 하면서 수업을 시작한다. 단원의 노래를 여러 차시에 걸쳐 동기유발로 활용해도 된다.

• 그림 보여주고 표현 퀴즈 맞히기

교과서에 나오는 이미지를 실물화상기로 보여주고 관련된 문장을 말해보도록 퀴즈로 낸다. 영어 교재 출판사 홈페이지에도 관련 사진들이 있다. 이를 보여주고 영어로 표현해도 된다.

준비가 필요한 동기유발의 예

• 앙케트 순위 보여주기

목표언어별로 주제를 뽑아 그에 해당하는 순위를 학생들에게 묻는다. 예를 들어 'What do you want to be in the future?'가 주제라면 구글이나 네이버에서 초등학생 인기 직업 순위를 찾아 1위부터 5위까지 영어(한글 포함)로 보여준다. 그리고 학생들에게 각 순위를 맞히게 한다.

단원명이 I'd like noodles와 같은 음식 관련이면 외국인이 좋아하는 한국 음식(Most popular Korean dish for foreigner) 1~5위를 검색하고 학생들에게 맞히게 한다.

• 유튜브에서 해당 표현이 실제 사용되는 장면 찾아 보여주기

각 단원의 주요 표현에 해당하는 질문 부분과 함께 'conversation, interview, expressions'로 검색하면 여러 자료가 나온다. 예를 들면 'What do you do on weekends?'가 주요 표현이면 'What do you do on weekends conversation 또는 What do you do on weekends interview'로 검색한다. 그러면 현지인들이 대답하는 장면이나 각 영어 교육업체에서 만든 상황극이 나온다. 이 동영상을 학생들에게 보여주고 기억나거나 이야기를 들은 장면이 있는지 물어본다. 그리고 해당 장면에서 주인공이 어떤 이야기를 했는지 함께 확인한다.

콘텐츠의 내용이 전반적으로 어려워도 쉬운 표현을 찾을 수 있는 몇 부분을 보여주면 된다. 단, 교사가 미리 그 영상을 보고 학생들이 봤을 때 문제가 될 부분이 있는지 확인해야 한다.

• Pass the ball

동기유발 활동 중에 가장 활기차다. 먼저 모둠을 만들어 앉게 한다. 음악이

시작되면 부드러운 천으로 된 공을 한 방향으로 계속 학생들끼리 주고받는다. 음악이 멈추고 그림이 나오면 그 그림에 대해 영어로 말한다. 프레젠테이션 파일을 만들어두면 주요 표현만 바꾸면 된다.

- 연예인, 캐릭터, 동물들이 말풍선과 함께 등장하는 PPT
  YBM 3학년 영어 교과서에는 〈Do You Like Apple?〉이라는 단원이 있다. 각 슬라이드에 등장인물이 나와 주요 표현을 사용하여 말하는 것을 만든다. 뽀로로를 등장시키고, 말풍선 안에 바나나를 넣는다. 그리고 학생들에게 말하게 한다. 이후 루피가 apple, 혜리가 orange, 크롱이 soup을 말하는 장면을 각 슬라이드에 넣고 다시 학생들에게 말하게 한다. 캐릭터 대신 친숙한 연예인이나 동물을 넣어도 좋다. 학생들이 흥미 있게 수업을 시작할 수 있다.
  6학년에 등장하는 'Where is the ~?' 등의 길 찾기에 대한 수업이면, 슬라이드에 유명 연예인 얼굴과 학교 주변의 간단한 약도를 넣는다. 그리고 이 연예인이 어떻게 길을 찾아가야 하는지에 대해 학생들에게 말하게 한다. 만약 공개수업 등 조금 더 특별한 수업일 경우에는 연예인 대신 반 학생 얼굴을 넣어서 학생들이 좀 더 재미를 느끼게 한다.

(3) 단원의 주요 단어와 표현 소개 및 익히기

1차시에 다루었던 주요 단어와 표현을 학생들에게 말하게 한다. 1차시에서 보여줬던 주요 단어와 표현들이 소개 자료였다면, 이번에는 표현 부분을 가린 후 학생들이 영어 표현을 말하게 하자. 2차시는 한국어 뜻을 보고 영어로 말하게 하거나 잘 모르면 다시 한번 교사의 발음을 따라 하게 한다.

그림을 보고 영어 단어 및 문장을 말하게 하자. 그러기 위해서는 PPT 내용을 아래와 같이 바꿔야 한다. 1차시에서 썼던 PPT에서 애니메이션 효과를 모두 빼고 사각형 블록 형태로 표현을 가린 후 '사라지기' 애니메이션을 적용한다.

(4) 학습목표 제시

학습목표는 단순하게 보여준다. 1차시와 바뀐 문구는 없다. 'Let's listen and speak.'를 그대로 칠판에 적는다. 단, 이 수업은 speaking에 초점을 맞추고 있으므로 speak 위에 동전자석을 붙이거나 동그라미를 친다. 이후 다음과 같이 말한다.

"Today we will listen to and speak key expressions. Especially you will speak key expressions more."

(5) Dialogue 듣고 내용 파악하기

2차시에는 좀 더 실제적인 영어 대화가 나온다. 천재 영어 교과서 'Real Talk'나 YBM 영어 교과서 'Listen and Say'에는 실제 인물이 연기한 대화가 출판사 DVD에 나온다.

비디오 클립에는 보통 2가지 상황이 등장한다. 목표언어의 종류에 따라 두

가지로 나뉜 상황 dialogue다. 먼저 학생들에게 교과서에 나온 그림을 보면서 내용을 추측하게 하는 질문을 한다. 질문할 때는 DVD나 실물화상기를 통해 교과서 화면을 보여준다. 그리고 손(지시봉)으로 화면의 일부분을 가리키며 말하는 게 효과적이다. 질문을 알아듣지 못하면 한국말로 바꿔서 물어도 좋다. 질문은 한두 개만 해도 충분하다.

❶ 대화를 듣기 전 그림에 대해 추측하기

그림을 보여주며 할 수 있는 질문의 예

- T: Where are they? (이들은 어디 있나요?)

  S: They are in the classroom.

- T: What's this? (이것이 뭐죠?)

  S: This is a dog.

- T: What is this boy doing? (이 아이는 뭘 하고 있나요?)

  S: He is taking a picture.

- T: What can he say? (그는 뭐라고 말할까요?)

  S: He can say "May I go to the restroom?"

❷ Video Clip 보여주고 내용 파악하며 질문하기

DVD의 대화 장면을 일단 자막 없이 보여준다. 대화 장면을 학생들이 봤으면, 그것을 잘 이해했는지 내용 파악을 위해 몇 가지 질문을 한다. 등장인물이 무슨 말을 했는지를 물어보는 발문이 학습목표에 효과적이다. 영어로 하는 질문이 학생들에게 어려우면 한국말로 다시 바꿔서 물어본다.

- (지시봉으로 가리키며) What did he say starts with 'May I ~.'

  (이 학생이 'May I'로 시작하는 말로 뭐라고 했나요?)

- Why did Lisa say 'No she can't'? (왜 리사가 No라고 말했나요?)

- How did he explain Kimchijeon? (그가 김치전을 어떻게 설명했나요?)

❸ Listen and Repeat

이제는 자막을 보여주고 한 문장씩 따라서 읽게 한다. 중간에 학생들이 이 해하지 못할 만한 문장이 나오면 문장 하나하나를 보며 그 의미를 한국말로 설명한다.

❹ A, B 역할 번갈아 가면서 따라 읽기

이번에는 등장인물 A, B 역할을 번갈아 가며 따라 읽기를 시킨다. 다시 자막을 끄고 문장 하나하나를 들려주면서 따라 읽게 한다. 먼저 A 역할을 여학생, B 역할을 남학생이 따라서 읽도록 하고, 읽기가 끝나면 B 역할을 여학생, A 역할을 남학생이 읽도록 한다.

꼭 남녀로 나누지 않아도 된다. 모둠이 6개라면 1~3모둠은 A 역할, 4~6모둠은 B 역할을 시키고, 이후 번갈아 가면서 한다. 나란히 앉은 짝 중 왼쪽 학생 A, 오른쪽 학생은 B로 해도 된다.

❺ Guess and Say

어떻게 하면 학생들이 따라 하는 것을 지루해하지 않고 조금이라도 능동적으로 할 수 있을까 생각하며 고안해 낸 방법이다. DVD 속 연기자의 영상만 나오게 하고 프로젝션 TV의 '조용히' 버튼을 누른다. 그리고 1번 문장부터 말하게 한다.

학생들은 연기자의 입 모양만 보며 뭐라고 했는지 기억을 떠올리며 말한다. 잘 안 되는 학생이 많은 게 당연하다. 문장을 기억해서 말해야 하기 때문이다. 학생들이 제대로 말하지 못하면 다시 자막을 보여준다.

(6) Practice 필수 패턴 말하기 연습

필수 패턴을 연습할 때는 짝 활동을 주로 한다. 영어 교과서에는 'Talk together 또는 Say more'라는 제목으로 나와 있다. 이미 Listen and Repeat

교과서 Practice 부분 예시

• 목표언어
A: How much is(are) ____?
B: It's(They are) ____ dollar(s).

25$ 8$
1$ 2$

• Practice 부분에 대한 교사의 연습 안내 멘트

You will talk with your partner about these pictures. Repeat after me "How much is(are) the ~?", "It's (They are) ○○ dollar(s)."

One of you will take the role of this girl. You need to ask about the eraser like "How much is the eraser?"

The other person will answer with the price like "It's one dollar."

Keep talking with your partners about each picture.

을 많이 했는데 또 교사-학생 형태의 활동이 오래 진행되면 학생들이 지루해하기 시작한다. 이때 짝과 함께 활동하는 것이 개인 연습에 도움이 된다.

보통 Practice 부분에서는 필수 패턴 문장이 등장하고 그림이 함께 나온다. 짝과 어떻게 A, B 역할을 나눠서 말할지 교사가 실물화상기로 교과서를 보여주면서 알려주면 학생들이 실감 나게 말하는 데 도움이 된다.

Talk together 부분에 'self check'가 있는데, 이 부분을 스스로 하는 것보다는 짝과 서로의 것을 체크하는 것이 좋다. 학생들이 서로 연습을 잘 마치고 짝의 책에 사인하게 하면 좀 더 책임감 있게 연습한다.

학생마다 수준차가 있다는 것도 기억하자. 짝이 잘 모르더라도 비판하지 말고 잘 도와주면서 하자고 미리 이야기한다. 때로는 답이 너무 드러나 있어서 말하기가 아니라 오히려 읽기 연습이 되기도 한다. 짝의 실력이 좋으면 글을 손으로 가리고 그림만 보고 표현을 말하게 한다.

(7) Production 활동

듣기-말하기 활동으로 이때는 좀 더 말하기와 관련된 활동을 준비한다. 말하기 관련 Production 활동 순서는 1차시 설명에서 밝힌 것과 유사하다.

❶ 교사 주도 설명
교사가 먼저 전반적인 활동(게임) 방법을 '이름 - 목표 - 방법 - 유의점' 순으로 설명한다.

❷ 시범 보이기(Simulation) 및 활동의 유의점 설명
시범 보이기는 다음의 형태 중에 한두 개를 보여준다.

- 교사가 학생 A와 학생 B 역할을 모두 맡아서 시범 보이기
- 교사가 학생 A 역할을 하고, 학생 B는 자기 역할을 맡아서 시범 보이기
- 학생 A와 학생 B가 나와서 맡은 역할 시범 보이기

아울러 학생들에게 활동 중 문제가 될 만한 행동과 유의할 점을 알려준다. 예를 들어 보드게임을 한다면 '영어 문장을 말해야 해당 자리로 이동, 멈춘 칸의 그림을 보고 문장을 말하지 못하면 선생님에게 도움 받기' 등을 설명한다.

❸ 실제 활동하기

보드게임, 땅따먹기 등 학생들이 말판에서 말을 이동하고 말이 멈춘 곳의 그림을 영어로 표현하거나 미션을 해결한다. 이때 영어를 정확하게 사용하지 않으면 말을 이동하지 못하도록 하는 것이 중요하다. 게임 활동이기에 학생들이 상대방을 이기기 위해 반칙을 하는 경우가 있기 때문이다.

해당 말이 멈춘 곳의 그림을 영어로 잘 표현하지 못해서 좌절하는 학생도 있다. 영어 표현을 모를 때는 친구의 도움을 받을 수 있게 하거나 선생님에게 와서 표현을 물어보고 가도 된다고 미리 설명한다.

정보차 활동(Information Gab) 형태도 있다. 친구들이 가지고 있는 서로 다른 정보를 얻기 위해 질문하고 답변하는 과정에서 목표언어를 많이 말하고 듣는 활동이다. 정보차 활동에서는 학생들이 목표언어를 사용하여 친구의 정보를 듣고 말하며 수집한다. 평소 의사소통을 위한 질문이나 답변과 유사하여 실제 의사소통기능 향상에 도움이 된다.

일반적인 정보차 활동의 단점은 누가 물어보든 내가 하는 답변이 늘 같다는 것이다. 내가 가진 정보가 하나이므로 친구들에게 하나의 정보만을 전달하는 표현을 반복할 수밖에 없다. 그래도 친구들이 나에게 제공하는 정보는 다양하

므로 듣기 능력 향상에 도움이 된다.

학생들이 좀 더 다양하게 말할 수 있도록 정보차 활동을 확장할 수 있다. 묻고자 하는 정보를 다양화하는 것이다. 'What is your favorite food?'가 주된 질문이었다면, 'What is your favorite (music/color/food/signer)?'로 질문을 다양화한다. 그리고 이를 통해 학생들에게 각 항목당 4~5개의 질문을 할 수 있도록 한다. 질문별로 5개씩 답변을 모은다면 최소한 5개의 질문을 할 수 있고, 서로 다른 답변 최대 5개를 말할 수 있다.

정보차 활동은 각 질문에 대한 답변의 예시를 미리 학생들과 어느 정도 학습해야 한다는 단점도 있다. 원래 정보차 활동에서는 음식의 종류만 알면 된다. 하지만 질문이 다양화되면 그만큼의 답변을 미리 활동 전에 학생들에게 지도해야 한다.

또 다른 방법으로 기존 정보차 활동을 변화시킨 '정보차 인증 활동'이 있다. 보통 정보차 활동에서는 상대방에게 정보를 얻기 위해 질문을 한다. 반대로 정보차 인증 활동은 친구가 가진 정보(그림)를 보고 내가 영어로 잘 표현하면 그 친구에게 인증을 받는 방법이다.

학생들은 자기가 가진 정보에 대한 그림을 들고 다닌다. 친구가 들고 있는 그림을 보면서 친구가 나의 그림에 대해 묻고 내가 잘 말하면 친구가 나에게 인증표를 주거나 사인을 해준다. 친구들에게 사인을 다 받으면 정보차 인증 활동이 종료된다.

예를 들어 한 학생이 공원 사진을 들고 다닌다고 가정하자. 그 학생이 만난 친구에게 묻는다. "What do you do on weekends?" 친구는 그림을 보고 대답한다. "I go to the park on weekends." 잘 대답했으므로 그 학생은 친구 공책이나 학습지에 사인을 해준다. 사인할 때는 그 그림이 있는 학습지 칸에 하면 더 좋다. 학생별로 서로 다른 그림을 들고 있으므로 만나는 친구에 따라 다양한 표현을 말할 수 있다.

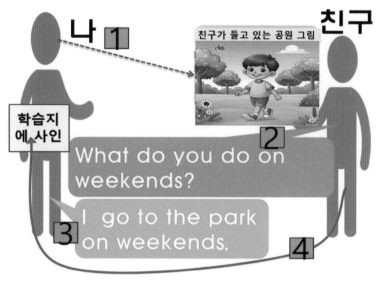

<정보차 인증 활동의 예>

　　정보차 인증 활동의 목적은 친구가 내는 문제를 맞혀서 친구로부터 인증을 받는 것이다. 친구들의 질문은 비슷하지만, 질문하는 친구들이 가지고 있는 그림이나 조건이 다르다. 그러므로 각 학생은 친구들이 가진 각각의 그림에 해당되는 다양한 표현을 할 기회를 얻게 된다. 'I ＿＿＿ on weekends.'의 밑줄 위에 다양한 질문을 담아서 말할 수 있기 때문이다. 단점은 진짜 정보를 얻기 위해 묻기보다는 확인을 받는 의미의 대화이므로 부자연스럽게 느낄 수 있다는 점이다.

　　정보차 활동을 할 때, 특히 학생 간의 영어 의사소통능력 수준차가 많이 드러난다. 자신감 있는 학생들은 끊임없이 다른 친구와 적극적으로 열심히 말하고 기록하고자 노력한다. 하지만 영어를 잘하지 못한다고 생각하는 학생들은 소극적으로 활동하게 된다.

　　정보차 활동의 또 다른 장점은 실력이 낮은 학생이 잘하는 학생과 만나서 도움을 받는다는 점이다. 활동의 자유도가 높아진 만큼 실력이 낮은 학생들은 더 어려워한다. 교사는 한두 번 정도 느린학습자들과 함께 잘하는 학생을 만나 옆에서 말하는 것을 지도하면 정보차 활동의 장점을 살릴 수 있다.

한편 목적을 달성하기 위해 반칙하는 학생에게는 반드시 주의를 줘야 한다. 한국말을 자꾸 쓰는 학생, 제대로 문장을 말하지 않았는데도 사인만 요구하는 학생, 정확한 표현을 하지 않았는데도 확인을 받으려는 학생, 다른 친구가 하는 것만 구경 다니거나 오히려 피하는 학생 등 다양하다. 이런 학생들은 개별적으로 경고를 준다.

정보차 활동은 정해진 시간에 모든 정보를 수집하도록 강요하면 오히려 역효과가 난다. 좋은 결과를 위해 반칙하는 학생이 많아지기 때문이다. 모든 칸을 빨리 채우는 것은 의미가 없다. 칸을 모두 채우지 못하더라도 성실히 말하고 도와주는 학생을 눈여겨봤다가 칭찬해주자. 그 학생이 다른 친구에게 모델링이 될 수 있도록.

❹ 활동 마무리하기

학생들에 대한 보상(reward)은 1차시 Production 활동의 마무리 설명과 거의 유사하다. 단, 보상을 줄 때는 열심히 한 학생에게 칭찬하는 것을 잊지 말자. 정보차 활동은 친구들의 정보를 가장 많이 모은 학생이 칭찬받는 것이 아니다. 교사가 관찰하여 묻고 답하기를 가장 열심히 한 친구를 칭찬하자. 말 그대로 achievement(성과)보다 performance(수행)을 열심히 한 학생을 인정하는 것이다.

(8) Wrap up

마지막으로 한 번 더 주요 표현을 확인한다. 정보차 활동이나 게임 활동에 등장했던 그림 몇 개를 영어로 다 같이 말하게 하거나, 동기유발에서 잘하지 못했던 몇 개를 골라서 다시 한번 학생들에게 말하게 한다.

오늘 어떤 표현이 가장 기억에 남는지도 묻는다. 학생들의 잘한 점을 칭찬하고, 다음 수업 시간에 주의해서 활동할 사항을 이야기한다. 그리고 다음 차시 예고를 하고 수업을 마무리한다.

2차시 수업의 Tip

◆ 심화활동이 평소에 하지 않았던 새로운 활동일수록 활동 방법 및 유의점을 더 자세히 설명한다. 무엇보다 설명 후 시범을 보이는 것이 중요하다.

◆ 활동 후 성과가 좋은 학생에게 보상하는 것도 좋은 방법이다. 하지만 성과가 별로 좋지 않더라도 성실히 주어진 목표언어를 잘 쓰면서 열심히 노력한 학생에게도 칭찬으로 보상해준다. 그 학생을 'Performance Winner'라고 따로 명명하고 칭찬한다.

◆ 승패의 결과는 중요하지 않다. 성과를 강조해서 칭찬하다 보면 그만큼 과열되어 활동 과정 중에 말해야 하는 영어를 생략하거나 간단한 말만 하는 학생이 늘어난다. 특히 가위바위보, 주사위 등 운이 많이 작용하는 활동이면 보상을 약하게 해야 한다.

◆ 활동이 시작되면 학생들은 활동 자체에 집중한 나머지 더 이상 선생님의 설명을 듣지 않으려 한다. 활동 시작 전 충분한 설명이 필요하다. 하지만 활동 중에도 설명이 꼭 필요하면 모든 활동을 멈추게 하고 학생들을 집중시킨 후 추가 설명을 한다. 이때 수신호를 사용하면 학생들을 일순간 조용히 집중시키기 좋다.

◆ 돌아다니면서 중간중간에 한국말을 하는 학생, 반칙하는 학생에게는 반드시 주의를 준다. 그 학생에게 강력하게 경고하고, 이후 또 그러면 활동에서 일단 배제했다가 다시 참여하게 하는 것이 좋다. 학생 한 명의 반칙이 시작되면 비슷한 학생이 생겨나는 건 순식간이다.

3

1~2차시 활동에서 사용할 수 있는 Production(심화활동)

수많은 화려한 활동이 있겠지만, 규칙이 비교적 쉽고 이해도가 높아 짧은 설명으로도 진행할 수 있는 활동들을 소개하고자 한다. 많이 사용하는 게임부터 정보차 활동까지 활용도와 변형도가 높은 활동 위주로 골라봤다. 교사 커뮤니티나 여러 사이트에서 이미 알려진 게임도 있고 내가 직접 만든 활동도 있다.

Snatch Game(카드 먼저 집기 게임)

필수 표현 그림카드만 있으면 간단하지만 박진감 넘치는 활동이다. 학생들은 선생님의 음성을 듣고 카드를 빠르게 가져가는 게임. 학생들의 탄식 소리, 환호 소리가 들려온다.

○ 길러지는 능력: 듣기

○ 난이도: 쉬움

○ 활동 유형(인원): 짝 활동(3명도 가능)

○ 소요 시간: 5~10분

❖ 준비 도구: 핵심표현을 담은 그림카드(한 세트 8~15장으로 구성)를 짝끼리 한 세트씩 공유(그림카드가 교과서 뒤에 있으면 활용하고, 없으면 출판사 홈페이지에서 다운받아 활용)

❖ 활동 목표: 짝보다 더 많은 카드를 가지게 되면 승리

❖ 활동 방법

❶ 짝별로 카드를 나눠주고 책상 위에 펼친다. 공정함을 위해 카드를 책상과 책상 사이에 일렬로 놓는다.

❷ 학생들은 모두 자기의 귀를 손가락으로 잡는다.

❸ 선생님이 읽어주는 단어, 문장이 들리면 그 표현에 가장 가까운 카드를 짝보다 먼저 집는다.

❹ 교사는 실물화상기로 어떤 카드가 답인지 보여준다.

❺ 카드가 다 없어질 때까지 실시한다.

❖ 활동 시 유의사항

❶ 카드를 먼저 잡기 위해 귀에서 손을 떼지 않도록 한다.

❷ 짝보다 먼저 카드를 터치한 학생이 가져간다. 짝보다 느리게 카드를 터치했다면 승복하고 짝에게 카드를 넘겨주어야 한다. 동시에 터치했을 경우에는 가위바위보를 한다.

❸ 짝이 가져가지 못하도록 막거나 짝의 손, 팔을 일부러 제지하지 않도록 주의시킨다.

❖ 놀이 Tip

☞ 카드가 한 장 남았을 때는 정확한 표현을 해야 가져갈 수 있다고 미리 설명

한다. 교사는 계속 다른 단어를 말하다가 마지막에 한 번 제대로 단어를 말한다. 예를 들어 마지막 한 장의 카드가 'I'd like pizza'일 경우, 교사는 "I'd like potato chips. I'd like pepper crab. I'd like pizza. (이때 학생들이 집기)"라고 말한다.

☞ 교사가 주도해서 게임을 하고, 시간이 남으면 각 모둠에 한 명의 교사 역할을 하는 심판을 투입해도 된다. 심판은 교사가 했던 역할을 그대로 실시한다.

☞ 시간이 남으면 학생들에게 각 카드가 의미하는 문장을 말해보게 하는 것으로 마무리를 한다. 카드를 실물화상기로 보여주면 학생들은 "I'd like pizza. I'd like orange juice."라고 말한다.

내 땅 색칠하기 게임

선생님이 하는 말에 따라 학생들의 탄식 소리가 들려온다. 색연필을 누가 빨리 움직이느냐에 따라 승패가 갈린다. 학생들은 색칠하거나 동그라미 친다는 것에 대해 매우 즐거워한다. 누구의 색깔이 많을까?

◐ 길러지는 능력: 듣기

◐ 난이도: 쉬움

◐ 활동 유형(인원): 짝 활동(3명도 가능)

◐ 소요 시간: 5~10분

◐ 준비 도구: 핵심표현을 담은 그림이 여러 개 있는 A4 용지, 끝이 뭉뚝한 색연필(학생별로 색깔이 달라야 함)

◐ 활동 목표: 짝보다 색칠한 칸이 많으면 승리

◑ 활동 방법

❶ 핵심표현이 들어 있는 그림을 A4 용지에 모아서 출력한다. 바둑판 모양이어도 되고, 여러 개 섞여 있어도 된다.

❷ 학생들은 모두 자기의 귀를 손가락으로 잡는다. 한 손에는 색연필이 들려 있어야 한다.

❸ 선생님이 읽어주는 단어, 문장이 들리면 그것에 해당하는 표현에 짝보다 빨리 색연필로 동그라미를 친다.

❹ 교사는 실물화상기로 어떤 표현이 답인지 알려준다.

◑ 활동 시 유의사항

❶ 반드시 끝이 뭉툭한 색연필로 동그라미를 쳐야 한다. 끝이 뾰족한 필기도구는 사용 불가다. 짝과 동시에 색칠하게 되면 손 부상의 위험이 있기 때문이다.

❷ 짝의 색연필이 먼저 해당 그림에 닿으면 짝이 먼저 한 것을 인정하고 아무것도 하지 않는다는 점을 지도한다. 단, 짝이 잘못된 답에 동그라미를 했으면 다른 곳에 동그라미를 칠 수 있다.

❸ 짝의 손에 동그라미 치지 않도록 주의시킨다.

❹ 짝이 동그라미 치는 것을 막거나 짝의 손, 팔을 일부러 제지하지 않도록 주의시킨다.

◑ 놀이 Tip

☞ 그림이 하나 남으면 정확한 표현을 해야 가져갈 수 있다고 미리 설명한다.

☞ 시간이 남으면 각 그림에 해당하는 표현을 학생들이 영어로 말하게 한다.

메모리 게임

똑같은 카드 두 장이 어디 있었더라? 똑같은 카드를 두 장 집으면 가져가는 게임으로 카드 두 세트만 있으면 언제 어디서든 활동 가능.

○ 길러지는 능력: 말하기

○ 난이도: 쉬움

○ 활동 유형(인원): 2~4명

○ 소요 시간: 5~10분

○ 준비 도구: 핵심표현을 담은 그림카드 2세트

○ 활동 목표: 서로 짝이 되는 카드를 많이 집으면 승리

○ 활동 방법

❶ 핵심표현이 인쇄된 그림카드 2세트를 함께 섞어서 바둑판 모양으로 뒤집어서 늘어 놓는다.

❷ 학생은 카드 하나를 뒤집어 그 그림에 맞는 표현을 영어로 말한다. 이어 다른 카드 하나를 뒤집어서 영어로 말한다.

❸ 두 카드가 같으면 가져가고, 다른 카드면 원래 자리에 다시 뒷면이 보이게 둔다.

❹ 카드가 다 없어질 때까지 진행한다. 정해진 시간에 선생님이 "Stop!"이라고 말하면 게임이 종료된다.

○ 활동 시 유의사항

❶ 그림카드를 뒤집어서 그 그림에 해당하는 핵심표현을 영어로 말해야 가져갈 수 있다. 카드를 뒤집었는데 핵심표현을 모르면 선생님 찬스를 쓸 수 있다.

❷ 핵심표현을 영어로 말하고 나서 카드는 반드시 원래 있던 자리에 두어야 한다.

❸ 카드를 모두 뒤집어 게임이 끝나면 카드를 다시 섞어서 여러 번 더 게임을 진행한다.

✿놀이 Tip

☞ 카드에 나오는 그림에 대한 핵심표현을 미리 알아본다.

☞ 영어 교과서 뒤에 핵심표현 그림카드가 들어 있으면 그것을 활용한다.

☞ 카드를 뒤집어서 놓았을 때 그림이 비칠 수 있다. 카드를 두꺼운 A4 용지에 출력하거나 카드 뒷면에 다른 무늬를 인쇄한다.

내 땅 갖기 말판놀이

영어 수업 시간에 하는 게임의 고전은 주사위 말판놀이다. 보통 말판놀이는 '출발지'에 말을 두고 '목적지'까지 누가 먼저 가는가의 대결이다. 하지만 내 땅 갖기 말판놀이는 도착을 먼저 하는 게 중요한 것이 아니다. 블루마블처럼 땅을 가지기 위해 여행하는 보드게임이며, 더 길게 몰입하게 된다. 정해진 시간에 더 많은 땅을 소유하면 이기는 게임.

✿ 길러지는 능력: 듣기, 말하기

✿ 난이도: 쉬움

✿ 활동 유형(인원): 2~4명(2명이 모둠을 짜서 해도 됨)

✿ 소요 시간: 5~10분

✿ 준비 도구: 게임 말판(교사 제작), 말(학생 수만큼), 주사위

○ 활동 목표: 친구보다 더 많은 땅을 가지게 되면 승리

○ 활동 방법

❶ 가위바위보로 순서를 정한다.

❷ 출발 칸에 모든 말을 둔다.

❸ 주사위를 던져 주사위 눈의 수만큼 말을 이동한다. 말이 멈추는 곳의 표현을 영어로 말한다.

❹ 영어로 잘 말하면 그 땅은 본인의 것이 되며, 자신만의 심벌을 쓴다(반드시 연필로 쓸 것).

❺ 친구의 땅에 들어가서 그림의 표현을 영어로 잘 말하면 그 땅도 본인의 것이 된다. 땅을 뺏을 때는 친구의 심벌을 지우개로 지우고 자기 심벌을 쓴다.

❻ 선생님이 "Stop!"이라고 외쳤을 때 가장 땅을 많이 가진 학생이 승리한다.

○ 활동 시 유의사항

❶ 영어로 그림의 표현을 말하지 않으면 땅을 가져갈 수 없다. 표현을 잘 모르면 선생님께 물어보고 말하기를 허용한다.

❷ 멈춘 곳의 미션을 해결할 때 방해하지 않는다.

❸ 친구가 말판의 그림을 영어로 표현하도록 충분할 시간을 준다.

○ 놀이 Tip

☞ 둘이서 한 모둠이 되어 2:2로 하면 서로 영어로 대화하는 미션을 준다.

☞ 친구의 땅을 다시 가져올 때는 조롱하거나 잘난 척을 하지 않도록 주의를

준다.

☞ 영어로 표현하는 그림을 많이 넣을 수도 있고, 한국말을 영어로 바꿔 말하기를 각 칸에 넣어도 된다.

☞ 친구의 땅을 가져올 때, 가위바위보를 해서 이기면 가져오도록 하는 규칙을 만들어도 재미있다.

바둑알 팅기고 말하기 게임

바둑알을 팅겨서 도착한 곳의 그림을 보고 영어로 말하는 활동으로 손가락 힘을 조절하여 정확한 곳에 보내는 게 목표다. 단순하면서도 흥미진진한 놀이.

◐ 길러지는 능력: 말하기, 듣기

◐ 난이도: 쉬움

◐ 활동 유형(인원): 짝 활동(3명도 가능)

◐ 소요 시간: 5~10분

◐ 준비 도구: 게임 말판(교사 제작), 바둑알(학생 수만큼)

◐ 활동 목표: 짝보다 더 많은 땅을 가지게 되면 승리

◐ 활동 방법

❶ 가위바위보로 순서를 정한다.

❷ 발사 칸에 자신의 바둑알을 올려둔다.

❸ 짝이 먼저 질문을 한다. (ex. Where are you from?)

❹ 바둑알을 팅겨서 멈춘 곳에 있는 그림의 표현을 영어로 말한다.

(ex. I'm from the U.S.)

❺ 그림의 표현을 잘 말했으면 그 땅에 자신만의 표시를 한다. 짝의 땅에 바둑알이 들어가면 표현을 잘 말해도 땅을 가져갈 수 없다. 바둑알이 여러 개의 칸에 걸치면 그중에 하나를 선택한다.

❻ '❶~❹번'을 짝과 번갈아 가면서 한다.

❼ 선생님이 "Stop!"이라고 외쳤을 때 가장 많은 땅을 가진 학생이 승리한다.

활동 시 유의사항

❶ 그림의 표현을 영어로 말하지 않으면 땅을 가져갈 수 없다.

❷ 표현을 영어로 제대로 말하지 못하면 선생님께 물어볼 수 있다.

❸ 종이 밖으로 바둑알이 나가면 기회를 잃게 된다.

놀이 Tip

☞ 짝의 땅에 도착했을 때 기회를 잃는 규칙을 바꿀 수 있다. 짝의 땅에 멈추어 그 표현을 하면 그 땅을 뺏어갈 수 있도록 해도 재미있다. 단, 이럴 땐 짝의 땅에 표시한 걸 지우고 자신만의 표시로 바꿔야 한다.

☞ 게임을 하기 전에 각 그림에 해당하는 표현을 미리 학생들이 연습한다. 각 그림을 보여주고 학생들에게 표현을 영어로 말하고 따라 하게 한다.

☞ 그림의 표현을 보고 틀리게 말하거나 제대로 말하지 못하는 학생들은 선생님께 도움을 받는다. 선생님은 그 학생에게 힌트를 준다. 영어를 잘 못하는 학생의 성취감을 올리는 방법이다.

☞ "Stop!" 또는 "Time's up."이라고 말을 하면 학생들은 자기가 확보한 칸의 개수를 센다. 그리고 이긴 학생에게 보상하거나 박수를 보낸다.

Move the stone (바둑알을 목표지점으로!)

주사위를 굴려 해당하는 그림이 표현하는 문장을 영어로 말하면 바둑알을 목적지로 전진시키는 활동. 단순하지만 할 때마다 재미는 UP!

○ 길러지는 능력: 말하기, 듣기

○ 난이도: 쉬움

○ 활동 유형(인원): 짝 활동(3명도 가능)

○ 소요 시간: 5~10분

○ 준비 도구: 게임 말판(교사 제작), 바둑알(학생 수만큼), 주사위

○ 활동 목표: 먼저 목적지에 도착하면 승리

○ 활동 방법

❶ 출발 칸에 자신의 바둑알을 올려둔다.

❷ 학생 A, B는 가위바위보로 순서를 정한다.

❸ A가 자기 칸 앞의 그림을 보고 먼저 질문을 한다. (ex. May I touch this? May I go to the restroom?) 그리고 주사위를 굴린다.

❹ 주사위가 홀수가 나오면 B는 "Yes, you may."라고 말한다. A는 자기 바둑알을 한 칸 전진한다. 짝수가 나오면 진 학생이 "No, you may not."이라고 말한다. 이때 바둑알은 옮길 수 없다.

❺ '❶~❹번'을 짝과 번갈아 가면서 한다.

❻ 먼저 목적지에 도착한 학생이 승리한다.

○ 활동 시 유의사항

❶ 그림에 해당하는 표현을 영어로 말하지 못하면 땅을 가져갈 수 없다.

❷ 표현을 제대로 말하지 못하면 선생님께 물어볼 수 있다. 짝에게 물어보

면 답해주는 것을 허용해도 된다.

◐ 놀이 Tip

☞ 그림을 보고 질문을 달리하는 형태가 아니라 답변을 달리하는 게 목표라면
활동 방법이 달라진다. 만약 목표언어가 'A: May I take your order? B: I'd
like Bibimbab.'이면 게임 순서는 아래와 같이 달라진다.

- A가 자기 앞의 그림을 보고 질문을 한다. (ex. May I take your order?)
- B는 대답한다. (ex. Yes, I'd like Bibimbab.)

☞ 주사위를 던져서 짝수가 나오면 전진, 홀수가 나오면 그 자리에 멈춘다.

삼각형 땅따먹기

삼각형을 만들며 그림의 배운 문장을 말하는 활동. 더 많은 삼각형을 만들수
록 많은 문장을 말해야 한다. 도형 그리기 놀이와 영어 말하기의 만남.

◐ **길러지는 능력**: 말하기

◐ **난이도**: 중간

◐ **활동 유형(인원)**: 짝 활동

◐ **소요 시간**: 5~10분

◐ **준비 도구**: 그림카드, A4 용지

◐ **활동 목표**: 짝보다 삼각형을 더 많이 만들면 승리

◐ **활동 방법**

❶ 두 학생 중 누가 A, B를 할지 결정한다.

❷ 가위바위보를 해서 이기면 점과 점을 선으로 연결한다.

❸ 만들어진 선을 사용하여 삼각형 모양이 되면 배운 표현 중 한 문장을 말하고, 해당 그림의 영어 표현을 말한다. 이후 그림 A(B)에 'O' 표시, 삼각형에 A(B) 표시를 한다.

❹ 그림을 영어 문장으로 표현하지 못하면 선생님께 와서 답을 확인하고 다시 돌아가 말해야 한다.

❺ 선생님이 "Stop!" 할 때까지 계속한다.

❻ 모든 그림의 표현을 다 말했으면 그다음부턴 해당 그림에 대해 다시 말할 수 있다.

○ 활동 시 유의사항

❶ 선을 그리려면 가위바위보를 반드시 이겨야 한다.

❷ 짝이 삼각형을 완성하고 문장을 바로 말하지 못해 선생님의 도움을 받아도 답한 것으로 인정한다.

❸ 삼각형 안에 또 다른 삼각형을 만들 수 없다.

❹ 삼각형을 그릴 때는 삼각형 안에 다른 점을 포함할 수 없다.

❺ 삼각형을 완성했어도 문장을 말하지 못하면 삼각형 안에 A, B를 쓸 수 없다.

❻ 삼각형은 점과 점을 연결한 선만을 인정한다.

○ 놀이 Tip

☞ 가위바위보를 계속해서 이기지 못하는 학생들이 불만을 가질 수 있다. 이것이 신경이 쓰인다면 주사위를 던져 주사위 눈의 수가 높은 학생이 선을 그을 수 있는 것으로 해도 좋다. 주사위 눈의 수가 같으면 다시 던진다.

☞ 짝과 서로 다른 색깔의 사이펜을 쓰면 편하다.

※ 삼각형 땅따먹기 게임 양식

(QR코드를 스캔하면 자료를 다운받을 수 있습니다.)

Information Gab (정보차 활동 - 친구 정보 알아내기)

말하기 활동 중 실제 영어 사용과 가장 유사하게 할 수 있는 활동. 친구들이 가지고 있는 정보를 묻고 그 정보를 모으면서 영어 듣기, 말하기 능력을 향상 시킨다.

◐ **길러지는 능력**: 말하기, 듣기

◐ **난이도**: 중간

◐ **활동 유형**(인원): 반 전체 활동(또는 모둠 활동)

◐ **소요 시간**: 10~15분

◐ **준비 도구**: 정보차 활동표, 각 학생에게 줄 정보카드(직업카드 등)

◐ **활동 목표**: 친구들에게 영어로 묻고 정보를 모으자.

◐ **활동 방법**

❶ 교사는 학생들에게 직업카드(정보카드)를 랜덤으로 나눠준다.

❷ 각 학생은 친구를 만나면 가위바위보를 한다.

❸ 이긴 학생이 질문한다. "What do you want to be?"

❹ 진 학생은 자신의 직업카드를 보여주며 답한다. "I want to be a ~."

❺ 이긴 학생은 진 학생의 이름과 직업을 정보차 활동표에 적는다.

❻ 이번에는 진 학생이 먼저 질문하고 이긴 학생이 답한다.

❼ 다음 친구를 만난다. 선생님이 "Stop!"이라고 할 때까지 활동을 계속한다.

○ 활동 시 유의사항

❶ 처음에는 남학생은 여학생, 여학생은 남학생을 만난다. 선생님이 신호를 주면 아무나 만날 수 있다.

❷ 한 번 만났던 친구는 다시 만날 수 없다.

❸ 다른 친구에게 들은 정보는 말할 수 없다. 자기가 원래 가지고 있던 정보만 말한다.

❹ 한국말을 하면 경고를 받고, 이후 반복되면 게임에 참가할 수 없다.

❺ 대충 말하거나 단어만 말하지 않고, 주어진 목표언어대로 말한다.

❻ 표를 다 채우면 자기 자리로 돌아가 휴식을 취하거나 다른 친구의 질문에 답할 수 있다.

❼ 빨리 다 채우는 게 중요한 것이 아니라 정확한 표현을 성실히 하는 것이 중요하다고 주지시킨다.

○ 놀이 Tip

☞ 정보카드가 군이 필요 없으면 주지 않아도 된다. 예를 들어 'My favorite food is~' 같은 경우에는 자신의 취향대로 대답해도 된다.

☞ 정보차 활동이 끝난 후 수업을 마무리할 때 활동 결과를 가지고 물어본다.

교사: What does 영수 want to be in the future?

학생: 영수 wants be an astronaut.

☞ 영어를 어려워하는 학생에게는 교사가 적극적으로 개입한다.

Information Gab Certification (정보차 인증 활동 – 친구 정보 확인받기)

기존 정보차 활동은 말하는 학생이 친구에게 똑같은 정보를 계속 반복해야 했다. 'What's your favorite foods? My favorite food is ~.' 이젠 친구가 가진 정보를 확인하여 말하고 친구에게 인증을 받는다. 학생은 좀 더 다양한 대답을 하기 시작한다.

◐ 길러지는 능력: 말하기, 듣기

◐ 난이도: 보통

◐ 활동 유형(인원): 반 전체(또는 모둠)

◐ 소요 시간: 10~15분

◐ 준비 도구: 학습지(앞면에는 내가 가진 정보의 시각화와 친구가 나에게 해줄 말을, 뒷면에는 정보차 활동표를 넣는다.)

◐ 활동 목표: 친구의 정보를 말하고 친구에게 인증을 받자.

◐ 활동 방법

❶ 학습지에 있는 앞면의 정보(그림)와 친구가 나에게 해주어야 할 말과 뒷면에 있는 정보차 활동표를 확인한다.

❷ 친구를 만나면 반갑게 인사한다.

❸ 학생 A가 자신의 학습지 앞면(그림)을 보여주며 묻는다. "What do you want to be?"

❹ 학생 B는 A의 학습지 앞면을 보며 말한다. "I want to be a ~."

❺ A는 B가 잘 말했으면 B의 표의 해당 부분에 사인한다. 친구가 제대로 말을 하지 못하거나 틀리게 말하면 힌트를 준다.

❻ 둘의 역할을 바꿔서 한다.

❼ 다음 친구를 만난다. 선생님이 "Stop!"이라고 할 때까지 활동을 계속한다.

○ 활동 시 유의사항

❶ 친구가 그림을 잘 볼 수 있도록 정면으로 세우고 다닌다.

❷ 그림별로 사인을 다 받은 학생은 자리에 앉아서 휴식을 취하거나 다른 친구들의 인증을 도와준다.

❸ 한 번 만났던 친구는 다시 만날 수 없다.

❹ 한국말을 하면 경고를 받고, 이후 반복되면 게임에 참가할 수 없다.

❺ 대충 말하거나 단어만 말하지 않고, 주어진 목표언어대로 말한다.

❻ 빨리 다 채우는 게 중요한 것이 아니라 정확한 표현을 성실히 하는 것이 중요하다고 주지시킨다.

○ 놀이 Tip

☞ 학습지의 그림이 잘 보이고 사인하기 쉽도록 스프링보드에 학습지를 끼우고 활동할 수도 있다.

☞ 검사를 할 때 정확한 표현을 말하지 않으면 합격을 주지 않도록 한다.

☞ 사전에 각 그림의 표현을 한두 번 정도 연습한다.

☞ 모든 그림의 표현을 영어로 잘 말했으면 선생님께 최종의 인증을 받게 한다. 그리고 보상을 주면 더 좋다.

4

단원의 3~5차시 재구성

 1, 2차시는 어느 출판사 교과서든 구성이 대동소이하다. 1차시가 듣기 중심, 2차시가 말하기 중심으로 되어 있다. 3차시부터는 각 교과서의 체계가 조금 다르며 학년별 차이도 있다. 3, 4학년에는 읽기와 쓰기가 통합되어 있다. 5, 6학년은 읽기와 쓰기 부분을 각각 다르게 초점을 두어 차시를 구성한다.

어디에 초점을 두느냐에 따라 할 수 있는 활동이 다르다. 1, 2차시에서는 Listening과 Speaking이 연결 및 융합되어 있다. 3~5차시에서는 Reading과 Writing 중심으로 구성되어 있다. 보통 3차시는 읽기와 쓰기의 도입 및 연습 중심, 4차시와 5차시 중 하나는 텍스트 읽기, 나머지 하나는 실제적 쓰기로 이루어져 있다.

현재 아쉽게도 많은 출판사에서 역할놀이(Role play)를 중요하게 생각하지 않는 듯하다. 역할놀이는 영어에서 말하기, 듣기, 읽기가 잘 융합된 유익한 활동이다. 학생들의 주도성이 높고 즐겁게 참여한다. 학생들 간의 상호작용이 많아 더 즐겁다. 그럼에도 불구하고 많은 출판사가 이 역할놀이 부분을 가볍게 다루거나 축소하여 교과서에 수록하고 있다.

<출판사별 3~5차시 구성(5, 6학년)>

차시	동아(박기화)		YBM(최희경)		천재(함순애)	
3차시	읽기-쓰기 연습	• Sing and Read • Read and Do • Write It • Play Together	읽기-쓰기 연습	• Read and Speak • Read and Do • Write and Do • Read and Play	읽기-쓰기 연습 역할놀이	• Speak and Read • Read and Write • Make a Story
4차시	텍스트 읽기	• Let's Read • Read and Check • Ask Yourself	실제적 읽기, 쓰기	• Discovery Fun (문장 완성하기) • Write and Talk • Reed & Write in • Real Life	텍스트 읽기	• Let's Read (텍스트 읽기) • Write It • Point Check
5차시	프로젝트 (실제적 쓰기, 만들기)	• Project	텍스트 읽기	• Before you Read • Reading Box • After You Read • More Activities	실제적 쓰기	• Ready to Write • Let's Write • Share It

나는 보통 역할놀이 부분을 따로 떼서 하나의 차시로 구성한다. 모둠별로 역할놀이를 준비하고 시연을 하면 시간이 모자라는 경우가 많다. 그래서 읽기 연습에 중점에 두는 단원을 한 차시, 실제적 쓰기 또는 프로젝트 부분을 한 차시로 묶는다. 그리고 이 두 차시 후에 역할놀이를 중점적으로 다룬다. 이렇게 되면 3, 4차시의 읽기, 쓰기의 내용이 바탕이 되어 좀 더 쉽게 역할놀이를 할 수 있다. 그리고 3차시에 Production(심화활동)을 추가해서 읽기-쓰기 관련 활동을 좀 더 풍성하게 한다.

<table>
<tr><th colspan="3" style="text-align:center"><기존></th></tr>
</table>

차시		활동
3차시	읽기-쓰기 연습 역할놀이	• Speak and Read • Read and Write • Make a Story
4차시	텍스트 읽기	• Let's Read (텍스트 읽기) • Write It • Point Check
5차시	쓰기 연습 실제적 쓰기	• Ready to Write • Let's Write

<변경>

차시		활동
3차시	읽기 중점 텍스트 읽기	• Speak and Read • Let's Read (텍스트 읽기) • Production
4차시	쓰기 중점 실제적 쓰기	• Ready to Write • Write It • Let's Write
5차시	역할놀이	• Make a Story

3차시 Reading-Writing 1 〈읽기 중심 활동〉

 1, 2차시에 배웠던 듣기, 말하기의 내용을 Text로 확인하는 차시이다. 이 차시에서 중점은 단연 Text이다. Text를 설명하기 전에 Speak and Read - Read and Write의 교과서 내용을 다루어서 주요 표현을 간단히 읽고 써본다. Text에는 각 단원의 주요 표현을 모아서 일기, 생활문, 문자 메시지, 설명문, 동화 형식 등으로 두세 단락의 글로 제시된다. 이 글을 이해하고 주요 표현을 살펴본다. 그 이후 익힌 Text를 바탕으로 읽기(쓰기) 관련 심화활동을 한 후 차시가 마무리된다.

수업 진행 과정

(1) Greeting(인사)

"Good morning(afternoon)." 등의 인사로 시작한다. 교사는 "How is the weather?", "What day is it today?" 등을 학생들에게 묻고, "How are you?" 등을 짝과 서로 묻도록 한다.

(2) Motivation(동기유발)

학생들에게 교과서에서 다루는 텍스트에 흥미와 관심을 유도하면 좋은 동기유발이다. 1, 2차시에서 다뤘던 단원 노래를 들려준다. 이때 노래 가사를 보여주거나 학습지로 출력해서 나눠주고 같이 부르게 한다. 노래 가사 학습지 중간중간에 빈칸을 만들고, 들으면서 핵심단어를 적게 해도 좋다.

텍스트가 나오는 교과서의 주요 그림을 같이 보면서 "What's this?, What are they doing?, Where are they?" 등으로 물어보면 텍스트에 좀 더 관심 가지게 만들 수 있다.

목표언어로 동기유발이 어려우면 텍스트가 다루고 있는 소재나 주제로 관심을 끌 수 있다. 각 이야기의 주제에 어울리는 장면을 검색해서 사진 또는 동영상을 보여준다. 예를 들어 경복궁이 주제라면 그곳을 소개하는 짧은 유튜브 동영상을 보여주고, 오늘 우리가 다룰 장소라고 이야기한다. 교실을 다루고 있다면 옛날과 현재의 교실에 대한 동영상을 보여주고, 둘의 공통점과 차이점에 대해 함께 이야기한다.

글의 자료가 유명한 동화를 모티브로 한 것이라면 그 동화의 주요 줄거리를 알려주는 이야기를 유튜브에서 찾아 보여준다. 주제가 여가 생활이라면 외국 아이들의 여가 생활에 대한 동영상을 보여준다. 이때 중요한 점은 그냥 보여주고 끝내는 게 아니라 동영상에서 나온 표현을 학생들에게 질문하는 것이다. 들은 표현 중 어떤 것이 기억에 남는지, 등장인물이 가장 많이 간 장소가 어딘지 등을 묻는다. 그리고 어떤 단어나 표현이 나왔는지 물어보고 확인한다.

텍스트 소재에 관한 퀴즈를 낼 수도 있다. 예를 들어 텍스트가 다루는 주제가 'Park'라면 아래와 같이 학생들에게 퀴즈를 낸다.

"Guess what I am explaining. If you know the answer, raise your hand,"

❶ It's free to go inside there.

❷ People walk, run or have a picnic there.

❸ You can see a lot of green there.

❶번부터 힌트를 하나씩 제시한다. ❶번 힌트에서 학생들이 답을 맞히지 못하면 ❷번, ❸번 순으로 힌트를 준다.

아래와 같이 AI 챗봇을 사용한 문제를 낼 수도 있다. 과거 영어로 퀴즈를 낼 때 교사가 직접 영작하는 게 어려웠다. 하지만 지금은 Chat GPT, Copilot(Window 기반), Bard(Naver) 등에서 질문만 잘 만들면 쉽게 문제를 만들 수 있다.

위의 Park에 대한 퀴즈를 만들 때 아래와 같이 명령어를 만들면 된다.

"정답이 park인 퀴즈 힌트 5개 알려줘 영어로, 단 7살 정도의 영어 수준으로"

<Copilot을 활용한 퀴즈 만들기 예>   <챗GPT를 활용한 퀴즈 만들기 예>

어떤 동기유발도 마찬가지이지만, 동기유발 자체가 너무 흥미롭고 즐거워 여기에만 몰입하거나 과한 시간을 보내지 않도록 주의해야 한다. 보통 동기유발은 아무리 길어도 5~7분을 넘지 않는 게 좋다. Intro가 너무 길면 활동이 짧아지고 시간에 쫓기는 경우가 허다하기 때문이다. 동기유발을 할 것이 마땅하지 않다고 판단된다면 1, 2차시에 했던 단원의 주요 표현들을 다시 한번 다루어도 좋다.

(3) 학습목표 제시

'Let's read and write about 〈주제〉.' 이런 식으로 칠판에 적고 학생들에게 읽어준다. 〈주제〉에는 텍스트와 관련된 분야, 주제(ex. museum, hobbies, vacation) 또는 목표언어(ex. numbers, making comparisons, favorite things) 등을 적는다. 오늘이 읽기에 중점이라면 'read'에 초점을 두고 수업할 것이라며 밑줄을 긋고 강조한다

※ 학습활동 순서를 꼭 미리 안내해야 하나?

학생들에게 활동 1, 활동 2가 무엇인지 알려주는 과정이 학습목표를 제시한 후에 이어서 해야 하는 것으로 의례 알고 있다. 하지만 이것이 필수라고 생각하지 않는다. 활동 과제 제시는 그날 어떤 활동을 하는지에 따라 교사의 취사선택이다. Practice와 Production으로 이어지는 일련의 과정에서 각 활동을 알려주는 것이 상황별로 학생들에게 긍정적일 수도 부정적일 수도 있다.

오늘 활동 1은 텍스트를 이해하는 것, 활동 2는 이와 관련한 따라 읽기 게임을 한다고 예고를 했다면, 학생들은 자신이 관심 없는 활동, 덜 재미있다고 어

기는 활동 1에 의도적으로 관심을 덜 가질 수 있다. 그래서 활동 2가 시작될 때까지 활동 1에 집중을 덜 하는 경우도 생긴다.

만약 학습 순서를 학생들에게 소개한다면 활동 1이 활동 2와 연계되고 영향을 주는 과정이라고 알려줘야 한다. 영어 신문 만들기 프로젝트 학습이 주제라면, 활동 1은 각 신문에 들어갈 주요 표현을 배우고 자료를 모으며 본문 작성하기, 활동 2는 작성한 본문을 신문의 형태로 써보기라고 설명한다. 이런 경우 학생은 활동 2를 위해 활동 1을 열심히 할 동기부여가 된다.

(4) Text 다루기

읽기 자료 수업은 Pre-reading(읽기 전), While reading(읽는 중), Post-reading(읽은 후) 학습모형에 따라 활동을 진행한다. 초등학교 고학년으로 갈수록 읽기 자료는 주로 10~15문장의 짧은 1~2개의 단락으로 구성된다. 각 단원의 목표언어 중심으로 이루어지고, 각 학년의 필수 영어 단어로 구성되기에 내용이 많지 않다. 내용만 이해하고 지나가기만 한다면 수업 시간이 너무 짧게 끝나게 된다. 그러므로 텍스트와 관련된 충분한 활동을 하는 것이 중요하다. 텍스트를 다루는 나만의 수업 루틴을 만들면 텍스트를 설명하는 데 편리하다.

Pre-reading(읽기 전)

1-A. Let's read (기초 문장 읽기)

1, 2차시에서 주로 듣고 말했던 문장을 읽어본다. 교과서의 'Let's read 나 Let's read and write'에 등장하는 문장을 학생들에게 소리 내어 읽어보게 한

다. 이후 출판사 DVD를 따라서 읽게 한다. 읽은 각각의 문장의 의미를 한국어로 말하게 하거나 문장 쓰기 활동을 함께한다.

1-B. Text와 관련된 삽화 살펴보며 읽기 자료에 대해 질문하기 (전체-개인)

일반적으로 영어 교과서에는 텍스트와 관련된 그림이 함께 등장한다. 이 그림들에 대해 학생들에게 몇 가지 질문을 한다. 그림은 텍스트의 핵심적인 내용을 담고 있고, 각 상황 속 목표언어를 주인공이 행동으로 보여준다.

다음은 그림을 보며 교사가 학생들에게 할 수 있는 질문의 예이다. 실물화상기에 교과서를 펴고 손가락이나 지시봉을 가리킨다. 이를 프로젝션 TV에서 보여주면서 질문하면 학생들의 집중력이 높아진다.

<그림에 대한 질문의 예>

- Where are they now?
- Please say the things in English as I point.
- What is he(she) doing?
- What is he holding in his hand?
- What's this?

- 이들은 어디 있나요?
- 선생님이 손가락으로 가리키는 것을 영어로 말해보세요.
- 그(그녀)는 무엇을 하고 있나요?
- 그가 손으로 잡고 있는 것이 뭐죠?
- 이건 뭐예요?

While reading(읽는 중)

2-A. Text 각자 소리 내어 읽기 (개인)

주어진 글을 각자 소리 내어 읽어보게 한다. 짝의 소리를 식별할 필요는 없

지만 음성이 분명하게 들리도록 읽게 하는 것이 좋다. "선생님, 전 영어를 잘 몰라서 못 읽겠어요."라고 말하는 학생도 분명히 있다. 그 학생에게는 아는 단어만이라도 읽게 한다.

학생들의 영어 수준차가 크다. 누구는 자연스럽게 한 번에 읽을 수도, 누구는 아는 단어만 띄엄띄엄 겨우 읽을지도 모른다. 모르는 단어가 나와도 소리 나는 대로 읽어보라고 하자. 파닉스가 잘 갖춰져 있지 않더라도 이런 오류를 범하면서 영어를 읽는 규칙을 알아가게 되기 때문이다.

학생이 table을 '타블레'라고 읽을 수 있다. 이를 무작정 잘못으로 보지 말자. 자기가 아는 지식을 이용해서 친구들 신경 쓰지 않고 순수하게 소리 내어 내 귀에 들리도록 읽었기 때문이다. 그 학생은 '-ble'의 형식을 읽을 때 마지막 'e' 소리는 나지 않는다는 phonics를 알지 못했을 뿐이다.

어떤 읽기의 오류를 저질러도 괜찮다고 미리 알려주고 허용하자. 다른 친구가 읽는 것을 신경 쓰거나 비판하지 않도록 지도하는 것이 중요하다.

'Whisper reading phone'이라는 교구를 활용하면 읽기 활동에 효과적이다. 전화기 모양의 관을 입과 귀에 대고 말하면 평소에 들을 수 없었던 자신의 목소리, 발음을 듣게 되어 더 집중하게 된다. 사람의 목소리는 두개골의 뼈를 통해 내이(內耳)로 전달된다. 하지만 이 교구는 공기를 통해서 밖으로 나가는 평소에 못 듣던 실제 자신의 목소리를 들을 수 있게 만들어준다. 즉각적인 자기 발음의 모니터링과 피드백이 가능하므로 학생들은 더 열심히 발음하게 된다.

2-B. Text 출판사 DVD 따라 읽기 (전체 → 개인)

출판사 DVD에서 제공하는 원어민 음성을 듣고 한 문장씩 따라 읽게 한다. 교사가 읽는 것을 따라 하는 것도 좋다. 원어민의 발음, 강세, 억양을 모델링

할 수 있도록 지도하고, 따라 읽으면서 본인의 발음과 다른 점을 직관적으로
알게 한다.

2-C. Text 친구와 번갈아 가면서 읽기 (개인-개인)

이제는 옆에 있는 짝과 읽기다. 내가 한 문장 읽으면 짝이 한 문장 읽기, 이
것을 번갈아 가면서 하게 한다. 처음부터 끝까지 다 읽었으면 순서를 바꿔서
짝이 먼저 한 문장 읽으면 내가 한 문장 읽기를 한다.

짝에게 문장을 읽어줌으로써 좀 더 정확하게 친구가 듣게끔 읽게 하는 것,
그리고 짝의 읽기를 들어주는 것이 번갈아 읽기의 효과이다. 단, 짝의 발음을
비판하거나 바로잡지 않게 미리 주의를 준다.

Post-reading(읽은 후)

3-A. Text와 관련된 문제 풀기 및 요약하기 (개인)

내용·파악 부분이다. 교과서에는 보통 내용 파악에 도움이 되는 질문이 포
함되어 있다. 먼저 학생 스스로 내용 파악과 관련된 문제를 풀게 하고, 이에
맞는 질문을 학생이 스스로 달아 보게 한다.

이어서 글에 대한 내용 요약(Summarizing)이다. 내용 요약은 거창한 게 아

<텍스트 요약틀>

(아래 항목은 교재를 따르거나 교사가 직접 묻고 싶은 내용 넣기)	1문단	2문단
항목 1		
항목 2		
<이하 생략>		

※ Judy와 Hyunho가 E-mail을 주고받는 상황(교과서 텍스트)

- Judy가 Hyunho에게

Hi, Hyunho.
I'm Judy. My favorite sport is soccer. I like to play soccer with my friends on weekends. My favorite food is fish and chips. It's famous English food. My favorite subject is English. I like to write stories. How about you?

From Judy

- Hyunho가 Judy에게

Hi, Judy.
I'm Hyunho. My favorite sport is basketball. I like to play basketball with my friends at school. My favorite food is Tteok. It is famous Korean food. My favorite subject is art. I like to picture.

From Hyunho

<텍스트 요약틀에 맞게 답을 쓴 예>

	Judy	Hyunho
Favorite sport	soccer	basketball
Favorite food	fish and chips	tteok
Favorite subject	English	art

니다. 각 문단에서 중요한 핵심 단어나 구문을 틀에 맞게 적는 것이다. 보통 요약틀이 교재에 수록되어 있다. 하지만 이것이 없다면 〈텍스트 요약틀〉과 같은 형식에 맞추어 영어 공책에 적도록 해도 된다. 텍스트 요약틀 대신 마인드 맵 형태로 키워드를 쓰며 본문을 요약하게 해도 좋다.

3-B. Text 내용 파악하기, 문제의 답 확인하기 (교사 -> 전체)

교사는 텍스트를 학생들에게 보여주고 내용 파악에 관한 질문을 한다. 이후 각 문장을 해석해준다. 새로운 표현이 나오면 설명을 해주는데, 주의할 점은 해석할 때 문장의 순서 그대로 해야 한다는 것이다. 그리고 초등학생임을 고려할 때 문법적 용어(품사, 부정사 등) 표현은 되도록 사용하지 않는 것이 좋다. 해석을 마치면 학생이 풀었던 문제의 답과 텍스트 요약틀의 답을 확인한다.

(5) 텍스트 기억하며 레벨별 읽기 연습

각 문장을 기억하며 읽을 수 있도록 연습한다. 텍스트를 아래 〈레벨별 읽기 예시〉 PPT 화면의 레벨 1~3처럼 만든다. 레벨 1은 주요 구문을 가려 놓고, 레벨 3으로 갈수록 더 많은 구문을 가린다. 이후 학생들에게 문장을 읽으라고 시킨다. 학생들은 가린 부분을 스스로 기억해서 말해야 한다. 학생들이 그 부분을 말할 때마다 네모 부분이 파워포인트 애니메이션에서 사라지게 만든다. 레벨 1에서는 일부분만 가리고 레벨 2는 더 많은 부분, 레벨 3은 거의 다 가리고 말해보게 한다. 내용이 많으면 한글 해석을 추가한다. 내용을 떠올려서 기억하며 말하게 하는 것이 중요하다.

이 부분을 교사가 묻고 학생이 말하게 하는 전체 활동으로 할 수도 있다. 이렇게 되면 영어를 잘하는 학생이 말하고, 잘하지 못하는 학생은 친구들의 말

<레벨별 읽기 예시>

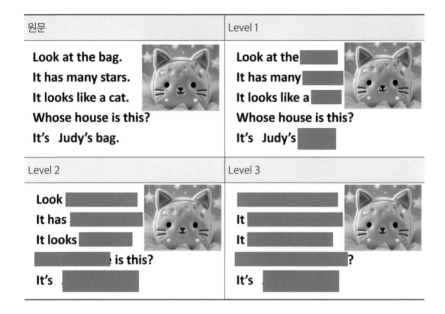

원문	Level 1
Look at the bag. It has many stars. It looks like a cat. Whose house is this? It's Judy's bag.	Look at the ▨ It has many ▨ It looks like a ▨ Whose house is this? It's Judy's ▨

Level 2	Level 3
Look ▨ It has ▨ It looks ▨ ▨ is this? It's ▨	▨ It ▨ It ▨ ▨? It's ▨

을 어렴풋하게나마 따라 하면서 친구를 모델링하는 효과가 일어난다.

학생들의 개별적인 효과를 나타나게 하고 싶으면 Level 1~3을 출력하여 짝과 함께 번갈아 가면서 읽게 한다. 이런 경우 느린학습자를 배려하고 친구가 모르면 답을 알려주라고 당부한다. 무엇보다도 짝과는 서로 협력해서 공부하는 것임을 평소에 지도하자.

(6) Production(읽기 심화활동)

읽기 심화활동은 단어, 문장을 활용한 여러 경쟁 및 협력 활동으로 이루어진다. 활동을 설명하는 절차는 다음과 같다. 읽기와 쓰기를 접목한 활동도 가능하다.

<Catch the sentence Game 진행의 예>

순번	단계	내용
1	활동명, 활동 유형, 활동 목표 안내	• 활동명: Catch the Sentence • 활동 유형: 개인 • 활동 목표: 화면에서 빨리 지나가는 문장을 보고 최대한 많이 적어서 점수 얻기
2	활동 방법 설명	• 화면에 지나가는 문장을 본다. (2번 지나감) • 그 문장을 최대한 정확하게 적는다. • 정답과 내가 쓴 것을 비교한다. 전체 문장을 맞히면 10점, 부분적으로 맞히면 한 단어당 1점이다. • 모든 문제가 나온 후 점수를 모두 더한다.
3	시범(예시)	• (예를 들기) 예시 문장을 지나가게 한 후 공책에 적게 하기 → 정답과 비교하여 부분 점수 적기
4	유의점 설명	• 문장을 다 적고 점수를 매긴 후 짝과 서로 확인하기 • 문장을 말로 하지 않기 • 문장을 다 적었으면 조용히 기다리기
5	활동 시작	• 활동 실시
6	활동 정리 및 보상	• 모든 점수 합치기 → 가장 높은 득점자 박수 + 영어 쿠폰 뽑기

(7) Wrap up

마지막 부분으로 오늘 배운 영어 문장 중 중요하다고 생각하는 것을 한 문장씩 읽어보게 한다. 아울러 비슷한 다른 예문을 보여주면서 읽게 하고 의미를 말할 수 있도록 한다. 오늘 열심히 읽기 활동에 참여한 학생들에게 칭찬을 해주며 수업을 마무리한다.

6

4차시

Reading-Writing 2
〈쓰기 중심 활동〉

3차시에서 익혔던 읽기 중심 활동을 통해 학생들의 읽기 능력이 향상되었다면 이를 토대로 쓰기 활동을 중점적으로 다룬다. PWP 모형, 즉 Pre-writing(쓰기 전), While writing(쓰는 중), Post-writing(쓴 후)의 단계로 이루어진다. 쓰기는 쓰기 연습과 나의 아이디어를 담아 쓰는 창의적 글쓰기로 나뉜다. 이때 창의적 글쓰기는 책 만들기, 포스터 그리기, 계획표 세우기 등 프로젝트와 연관된 활동으로 확장된다.

수업 진행 과정

(1) Greeting(인사)

'T: Good morning everyone. S: Good morning.'으로 인사한 후 짝과 서로의 안부를 묻는다. 그러면서 다음의 표를 화면에 띄우고 칠판에서 골라 대답하도록 시킨다.

T: Ask your partner, 'How are you?' or 'How are you doing?' You can choose answers here.

　아래 표에서 학생들이 골라서 말하게 하면 학생들 간 대화가 더 원활해진다. 이를 보조 칠판에 적고 계속 활용하면 좋다.

♣ Question: How are you today?
♣ Answer

👍👍👍	👍👍	👍	✋	👎
Awesome! Excellent! Fantastic!	Great! Very good!	I'm good. Fine. I'm OK.	Not bad.	Not good.

(2) Motivation(동기유발)

　학생들이 해당 단원의 표현이 등장하는 말을 추측해서 적게 하는 활동들로 동기유발을 구성한다. 아래 그림처럼 대화의 일부를 가리고 학생들에게 주요 단어와 문장을 공책에 적게 한 다음 답을 알려준다.

　이런 자료를 만들기 어렵다면 교과서의 지문이나 문장을 실물화상기를 통해 띠종이로 일부 가리고 보여준다. 학생들은 그 부분을 공책에 적고 답을 맞힌다. 이 과정에서 오답이 있으면 정답을 다시 한번 적게 한다.

발음은 알아도 정확한 스펠링을 몰라 쓰지 못하는 학생들이 있다. 이 학생들에게는 소리 나는 대로 추측하여 적게 하는 것이 좋다. 그 이후 정답을 확인하는 과정에서 단어를 더 잘 기억할 수 있기 때문이다.

(3) 활동 1. Ready to Write

영어 수업의 모든 활동 중에 어찌 보면 가장 교과서에 충실한 부분이다. 주로 교과서의 주요 읽기-쓰기 문제를 풀고 답을 달아본다. 쓰기 활동에는 그림을 보고 단어를 찾아 써넣는 부분이 있다. 그 뒤를 이어 단어를 조합하여 문장을 완성하는 것으로 이루어져 있다. 주로 보기가 있으므로 학생들이 쉽게 답을 찾아 적을 수 있게 되어 있다.

먼저 학생들이 스스로 하도록 만든 후 함께 채점하며 답을 적는다. 교과서 문제는 쉬운 편이므로 학생들이 쉽게 답을 적을 수 있다. 출판사 DVD에는 쓰기 연습지가 따로 마련이 되어 있다. 시간이 허락한다면 출판사에서 제공하는 쓰기 워크시트를 출력하여 학생들이 연습할 수 있도록 나눠준다.

(4) 활동 2. Let's Write(Project) 유의미한 글쓰기: 쓰기 심화활동

Let's Write는 유의미한 글쓰기를 뜻한다. 활동 1이 주어진 목표언어를 쓰는 연습이었다면, 활동 2는 나에 대한 이야기를 쓰거나 리서치를 통해 내가 습득한 정보 등을 적는 활동이다. 또는 내가 생각한 아이디어를 영어로 쓰기도 한다. 포스터 만들기, 자기소개서 작성하기, 음식 소개하기, 여가 활동 소개하기, 나의 미래 일기 적기, 방학 계획표, 버킷리스트 등 쓸 수 있는 내용이 다양하다. 여기에 미적 활동(꾸미기, 책 형태로 만들기, 4컷 만화 등)이 들어가면 프로젝트 형태의 단독 차시로도 활용할 수 있다.

<천재 5. I'd Like Fried Rice: 한국 음식 소개하는 글 쓰기>

단계	활동 절차	교사의 설명
Pre-writing (읽기 전)	1. 활동 주제를 안내한다.	• We will introduce Korean foods in this paper.
	2. 활동 예문을 보여주고 함께 읽는다. 그리고 내용 파악을 위한 몇 가지 질문을 한다.	• Here is a text about Korean foods. Let's read this together. • What is introduced in this text? What is Kimchi? How does it taste ?
	3. 글 쓰는 방법을 알려준다. - 충분한 예문을 보여준다.	• 이름: Write the name of a Korean food. • 설명: Fill in the blank with the explanation of Korean foods. For example, It is a Korean rice cake dish. • 맛: Write down the taste of the food. It's not easy to express the taste of some foods. Then you can pick similar words for it. Lastly add another explanation for this food. For example.....
	4. 주의할 점을 알려준다.	• If you don't know how to write in English. Let me know so I can help you.
While writing (쓰는 중)	5. 글 쓰기를 실시한다.	
Post-writing (쓴 후)	6. 친구들과 서로 돌려 읽기를 한다. - 서로의 글에 댓글을 달아준다. - 좋은 글을 발표한다. - (선택) 친구들의 글을 읽고 알게 된 정보를 적는다. - (선택) 친구들의 글에 대해 선생님이 내주는 퀴즈를 푼다.	

<천재 5. I'd Like Fried Rice: 한국 음식 소개하는 글 쓰기 학습지 예시>

Introduce your favorite foods

· Example

1. 음식 이름	This is Tteokbokki.
2. 음식 설명	It is a Korean rice cake dish.
3. 맛	It is spicy and chewy.
4. 다른 설명	I like to eat this with my friends.

2. . 음식 설명 예

비빔밥 Bibimbap: It's a Korean mixed bowl of rice.

김치 Kimchi: It's a Korean cabbage dish.

짜장면 Jjajangmyeon: It's Korean chewy noodles in black sauce.

삼겹살 Samgyeopsal: It's Korean grilled pork belly.

김밥 Gimbap: It's Korean rice and vegetables rolled in seaweed.

빙수 Bingsu: It's a Korean shaved ice dessert.

3. 맛을 표현하는 단어의 예

달다(sour), 맵다(spicy), 싱겁다(bland), 짜다(salty), 시다(sour), 쓰다(bitter), 바삭하다(crispy), 쫄깃하다(chewy), 부드럽다(soft)

4. 다른 설명의 예

난 (가족)과 이걸 먹어. → I eat this with (my family).

이건 값이 싸고 맛있어. → This is cheap and delicious.

놀러가서 먹으면 좋아. → It's good to eat when you go out.

너무 맛있어. → It's so delicious.

My favorite food : _____

반   번   이름:

1. This is _____ .

2. It is _____ .

3. It is _____ .

4.

<그림>

학생들이 예문 외에 영어로 표현하고 싶은 것이 있어서 교사에게 물어볼 때가 있다. 예를 들어 '이 음식은 외국에서도 이미 많이 알려져 있다.'를 영어로 어떻게 말하냐고 물을 수 있다. 교사의 영어 실력이 충분하다면 바로 알려줄 수 있다. 하지만 교사의 실력이 충분하지 못하면 학생에게 알려주는 내용에 문법적 오류가 있지 않을까 주저하기도 한다. 이럴 때 교사는 "잠깐 기다리세요. 확실한 표현을 확인하고 정리해서 화면으로 보여줄게요."라고 말하고, 영어 문장을 만들어 문법적 오류를 인터넷으로 검증한 후 화면에 보여주면 된다.

때로는 학생들에게 스마트 패드를 주고 네이버 영어사전에서 표현하고자하는 단어를 찾아보게 하자. 하지만 파파고 등 번역 프로그램을 통해 문장을 적는 것은 학생 스스로 영어로 문장을 만드는 연습을 저해하므로 하지 못하게해야 한다.

영어 문장을 만드는 초보 학생에게는 교사가 주는 일정한 영어 문장 패턴에 자신이 표현하고자 하는 단어를 넣게 하는 것이 중요하다. 위 학습지에서보듯이 마지막 한 줄은 영어로 자유롭게 표현하고자 하는 학생을 위해 문장의형식을 주지 않았다.

글과 그림을 같이 작성하게 할 경우에는 글을 먼저 쓰고 그림을 그리도록유도한다. 학습지를 만들 때도 글을 먼저 쓰게 순서를 배열하고 그림을 나중에 그리게 한다. 그렇게 하지 않으면 쓰기에 관심 없는 학생은 그림에 너무 몰입한 나머지 영어 문장 쓰기에 소홀하게 된다. 학생들에게 그림은 간단히 그려도 글을 정성 들여 쓰라고 하자.

학생들이 모두 작성했으면 서로 돌려 읽기를 한다. 먼저 학생들이 쓴 글을책상 위에 두게 한다. 그리고 연필을 들고 돌아다니면서 친구 책상으로 간다. 친구가 쓴 글 중에 가장 맘에 드는 문장 밑에 밑줄을 긋게 한다. 친구가 쓴 글을 읽어보고 옆에 댓글을 단다. 댓글은 영어로 달게 하는데, 학생들이 달 수 있는 댓글의 종류는 다음과 같다. 이런 댓글을 칠판이나 화면에 보여주고 마음에 드는 것을 보고 적으라고 해도 좋다.

댓글의 예

Good work. (잘했어.) / Well done. (잘했어.) / Good hand writing. (글씨 잘 쓰네.) / Great picture!(그림 잘 그렸는데!) / Excellent work! (최고의 글이야!) / Keep up the good work! (계속 지금처럼 좋은 글을 쓰기를!) / I love your writing. (너가 쓴 게 마음에 들어.) / I really enjoyed reading it. (재밌게 잘 읽었어.) 등

친구들의 글을 읽을 때 본인이 느끼기에 새로운 정보라고 생각되는 단어 밑에 밑줄을 치라고 하면 좀 더 열심히 읽는다. 그리고 교사도 학생들이 돌아다니며 읽는 동안 같이 댓글을 달아주거나 도장을 찍어 준다. 모두 다 돌아본 후 학생 글에 대한 퀴즈를 내면 더 재미있어 한다. (ex. Which food did 예진 introduce?)

좀 더 적극적 읽기를 유도하기 위해서 친구들의 글에서 정보를 찾아 적게 하고, 이를 발표시키거나 친구끼리 알려주라고 하는 것도 좋은 방법이다. 예를 들어 돌아다니면서 한국 음식을 소개하는 친구들의 글을 본다면 간단히 아래 표를 만들어 공책에 적으라고 한다.

친구 이름	음식 이름	맛	설명
김진구	Kimchi	hot	Korean traditional cabbage dish
박진경	Tanghuru	sweet	Chinese snack
(이하 생략)			

일반적으로 영어 교과서에서는 영어 쓰기를 'My Project'라는 제목으로 한 차시 편성한다. 그렇다고 해서 프로젝트를 대단하게 생각할 필요는 없다. 같은 내용을 적더라도 북메이킹을 활용하면 책처럼 구성할 수 있다. 예쁜 카드 형식에 만들면 초대장이 되기도 한다. 큰 종이에 매직펜으로 크게 그려 넣으면 포스터가 되며, 앙케트 조사한 것처럼 그래프로 만들어 그리면 설문조사 자료가 된다. 친구들의 경험을 글로 모으면 미니 신문이 되기도 한다.

중요한 건 영어 의사소통능력 형성이다. 학생이 충분히 영어 문장을 쓸 수 있도록 기회를 줘야 한다. 프로젝트의 이름으로 어떤 작품을 만들 때, 학생들이 지나치게 미적 감각을 동원하여 작품을 만들거나 장식에 치중하다가 영어 문장 쓰기를 소홀하지 않게 해야 한다.

(5) Wrap up

오늘 배운 내용 중에 가장 기억에 남는 문장을 하나씩 말하게 한다. 또는 하나의 그림을 주고 그 그림을 오늘 배운 표현의 주요 패턴으로 말해보게 한다. 예를 들어 음식 소개라면 탕수육을 보여주고 'It's a fried pork dish. It's delicious.'를 말하게 한다. 오늘 수업에서 주요 패턴이 무엇인지 직접 물어봐도 좋다.

7

3~4차시 Post-reading, Post-writing으로 하기 좋은 활동

 주어진 텍스트를 읽거나 문장, 단락을 써본 학생들은 그 뒤로 확장된 활동이 필요하다. 적극적으로 문장의 의미를 유목적적으로 해석하는 활동, 자연스럽게 문장 읽기와 쓰기를 반복, 점검할 수 있는 활동이 필요하다. 교사 커뮤니티 등에 올라온 활동 중 수업에서 유용했던 것과 내가 직접 만든 활동을 소개한다.

Find out lies (거짓말 찾기 활동)

화면에 나오는 문장 중에서 거짓 문장을 적는 게임. 단순하면서도 직관적으로 정보를 잘 기억하고 판단해야 하므로 문장의 의미를 이해하는 데 도움이 된다.

- 길러지는 능력: 읽기, 쓰기
- 난이도: 보통
- 활동 유형(인원): 개인
- 소요 시간: 5~10분

◐ 준비 도구: PPT를 제작한다. 라운드별로 한 슬라이드에 여러 그림을 넣는다. 그 그림을 학생들이 기억하도록 일정 시간을 준다. 그다음 슬라이드에 그림을 설명하는 문장을 4~5개 넣는다. 각 문장은 방금 봤던 그림에 대한 묘사 문장이다. 이때 한 문장만 사실이 아닌 것으로 삽입한다. 이후 정답을 표시하는 애니메이션을 넣는다.

◐ 활동 목표: 거짓말 문장을 많이 찾아 적으면 승리

◐ 활동 방법

❶ 5~7초 동안 슬라이드의 그림과 기호를 확인한다.

❷ 그다음 슬라이드에서 주어진 시간 동안 거짓말 문장 하나를 찾아 공책에 적는다.

❸ 적은 거짓말 문장이 맞으면 2점을 획득한다. 틀리면 0점이다.

❹ 모든 라운드가 끝나면 맞힌 문장의 개수를 센다. 가장 많은 점수를 획득한 학생이 승리한다.

◐ 활동 시 유의사항

❶ 답을 적을 때 중얼거리지 않는다.

❷ 친구들에게 힌트를 주거나 받으면 안 되며, 오직 자기 힘으로 적는다.

❸ 답을 몰라도 하나의 문장을 끝까지 적는다.

◐ 놀이 Tip

☞ 답을 채점할 때는 짝의 힘을 빌린다. 답을 공개하기 전에 짝이 먼저 확인한다.

☞ 그림이 너무 어려우면 시간을 더 준다.

☞ 카운트다운을 하고 선생님이 "Stop!"이라고 외치면 쓰는 것을 멈춘다.

Watch and write (친구 그림 보고 문장 적기)

친구들이 들고 다니는 그림을 보고 정답을 적은 다음 친구에게 사인을 받거나 스티커를 받는 게임. 검사를 친구가 한다는 의미에서 즐겁다. 학생 스스로 검사자가 되어 친구 것을 검사하고 도와준다.

◑ 길러지는 능력: 읽기, 쓰기

◑ 난이도: 보통

◑ 활동 유형(인원): 개인

◑ 소요 시간: 5~10분

◑ 준비 도구: 학생들에게 나눠줄 개별 그림판(앞면에는 주요 문장별 그림, 뒷면에는 친구들의 그림을 보고 문장을 적을 수 있는 각각의 칸)

ex. 목표 문장이 10개고 학생이 26명일 경우

- 6개의 그림판 × 똑같은 복제품 3개씩 준비 → 18개

- 4개의 그림판 × 똑같은 복제품 2개씩 준비 → 8개

(목표 문장을 2개 더 늘려서 일괄 2개씩 준비해도 됨)

◑ 활동 목표: 선생님이 정해준 목표 문장을 모두 적으면 승리

◑ 활동 방법

❶ 각자 그림판과 연필을 들고 돌아다니며 친구를 만나 인사를 한다.

❷ 친구가 자신의 앞판 그림을 보여주며 질문을 한다.

(ex. Whoes _____ is this?)

❸ 친구의 그림을 보고 뒤판 해당하는 곳에 문장을 쓰고 친구에게 보여준다.

(ex. It's _____'s _____.)

❹ 답이 맞으면 친구가 문장 옆에 사인을 한다.

❺ 두 학생이 역할을 번갈아 가면서 활동한다. 두 학생 모두 다하면 또 다른

친구를 찾아 이동한다.

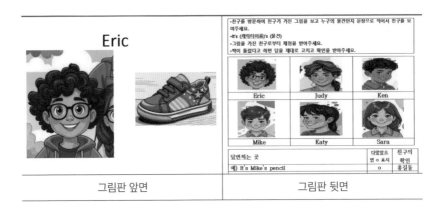

그림판 앞면	그림판 뒷면

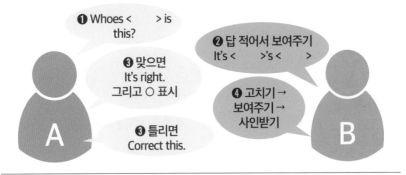

❶ Whoes < > is this?

❸ 맞으면 It's right. 그리고 ○ 표시

❸ 틀리면 Correct this.

A

❷ 답 적어서 보여주기 It's < >'s < >

❹ 고치기 → 보여주기 → 사인받기

B

<친구 만나서 할 일>

◆ 활동 시 유의사항

❶ 처음에는 남학생 한 번, 그다음은 여학생 한 번 만난다.

❷ 친구가 이미 대화 중이면 개입할 수 없다.

❸ 한 번 했던 친구와는 다시 하지 않는다.

❹ 짝을 찾기 어려우면 선생님께 도움을 요청한다.

❺ 문장을 모두 적었으면 선생님께 확인을 받는다.

❻ 친구가 문장을 적지 못하면 힌트를 줄 수 있다.

❼ 다 한 학생은 편안하게 자기 자리에서 쉬거나 다른 친구를 도와준다.

❽ 친구가 문장 쓰는 것을 어려워하면 도와준다.

❾ 자신의 답을 그대로 보여주거나 베낄 수 없다.

○ 놀이 Tip

☞ 교사는 돌아다니면서 적응하기 어려운 학생들을 도와준다.

☞ 쓰기에 어려움을 느끼는 친구들을 배려하도록 학생들을 지도한다.

☞ 선생님은 다 완성한 학생에게 Excellent 도장을 찍어주면 좋다.

☞ 만약 시간적 여유가 있다면 글을 5×5나 4×4 형태로 쓰게 해서 빙고 게임
을 해도 좋다.

Catch the sentences (날아가는 문장 빨리 적기)

화면 속 날아가는 문장을 재빨리 파악해서 적는 활동. 단순하면서도 순간 집
중력이 요구된다. 한 번 더 보여달라는 빗발치는 요구. 보여줄까, 말까?

○ 길러지는 능력: 읽기, 쓰기

○ 난이도: 쉬움

○ 활동 유형(인원): 개인

○ 소요 시간: 5~10분

○ 준비 도구: PPT를 제작한다. 각 슬라이드에 하나의 문장을 넣는다. 문장이 빨
리 화면에서 날아가도록 애니메이션 효과를 넣어 만들고, 날아가
는 경로를 다양화한다. 문장은 10~12개 정도 준비한다. 학생들은
공책을 준비한다.

○ 활동 목표: 최대한 문장을 정확하게 적어서 많은 점수 얻기

◆ 활동 방법

❶ 선생님의 카운트다운이 끝나면 PPT의 문장이 재빨리 움직이다가 사라진다. 2번씩 보여준다.

❷ 학생은 공책에 관찰한 문장을 적는다.

❸ 정답을 확인하고 스스로 채점한다. 문장이 다 맞으면 10점, 일부만 맞으면 한 단어에 2점씩 준다. 각 점수를 문장 옆에 쓴다.

❹ 짝과 서로 채점을 확인한다.

❺ 모든 라운드가 끝나면 점수를 합한다.

◆ 활동 시 유의사항

❶ 답을 적을 때 중얼거리지 않는다.

❷ 친구들에게 힌트를 주거나 받으면 안 되며, 오직 자기 힘으로 적는다.

◆ 놀이 Tip

☞ 어려운 문제를 만들고자 한다면 한국말이 지나가고 영어로 적게 하면 된다.

☞ 어려운 문장은 3번 이상 보여준다.

☞ 마침표, 물음표 등은 채점에서 제외한다.

Correct the sentences (틀린 부분 고쳐 적기)

화면 속에 나온 단어나 문장의 틀린 부분을 고쳐서 적고 빠진 곳을 채우는 활동. 10초 또는 20초 안에 적고 답이 맞았는지 확인한다.

◆ 길러지는 능력: 쓰기

●난이도: 보통

●활동 유형(인원): 개인

●소요 시간: 5~10분

●준비 도구: PPT를 제작한다. 목표 문장을 각 슬라이드 상단에 쓰고 밑에 해당 그림을 그린다. 상단 문장에는 여러 부분을 틀리게 적는다. 슬라이드의 하단에는 카운트다운을 넣는다. 학생들은 공책을 준비한다.

●활동 목표: 틀린 부분 및 부족한 부분을 정확히 채워 넣어 답 맞히기

●활동 방법

❶ 화면이 나오면 그림에 관한 문장의 잘못된 부분을 고쳐서 제대로 된 문장을 공책에 적는다.

❷ 정해진 시간이 되면 정답을 확인하고 스스로 채점한다.

❸ 짝과 서로 채점을 확인한다. 틀린 부분이 있으면 다시 고쳐 쓴다.

❹ 모든 라운드가 끝나면 몇 문장을 맞게 고쳤는지 확인한다.

●활동 시 유의사항

❶ 답을 적을 때 중얼거리지 않는다.

❷ 친구들에게 힌트를 주거나 받으면 안 되며, 오직 자기 힘으로 적는다.

●놀이 Tip

☞ 마침표, 물음표 등은 채점에서 제외한다.

☞ 맞은 곳은 부분 점수를 주는 것이 좀 더 공정하다.

Draw circle first (친구보다 먼저 해당 단어나 문장에 동그라미 치기)

선생님이 글자를 읽는 순간 학생들의 손이 번쩍. 벌써 동그라미를 친 친구들도 있지만, 헤매고 있는 친구도 있다. 누가 많은 동그라미를 칠 것인가?

⬡ 길러지는 능력: 듣기

⬡ 난이도: 쉬움

⬡ 활동 유형(인원): 짝(3명도 가능)

⬡ 소요 시간: 5~10분

⬡ 준비 도구: 여러 단원의 핵심단어와 구절, 문장을 이리저리 섞어서 A4 용지 한 장에 배치하고 출력한 인쇄물, 끝이 뭉뚝한 색연필(학생마다 색깔이 달라야 함)

⬡ 활동 목표: 게임이 끝날 때 동그라미를 많이 친 학생이 승리

<Draw circle first 학습지의 예>

⬡ 활동 방법

❶ 학생들은 모두 자기의 귀를 손가락으로 잡는다. 한 손에는 색연필이 들려 있어야 한다.

❷ 선생님이 읽어주는 단어와 문장에 해당하는 표현을 친구보다 더 빨리 색연필로 동그라미를 친다.

❸ 실물화상기로 어떤 표현이 답인지 알려준다.

○ 활동 시 유의사항

❶ 동시에 색칠할 경우 손 부상의 위험이 있다. 그러므로 반드시 끝이 뭉툭한 색연필로 동그라미를 친다. 끝이 뾰족한 필기도구는 사용 불가다.

❷ 친구의 색연필이 먼저 해당 그림에 닿으면 그 친구가 먼저 한 것을 인정하고 아무것도 하지 않는다. 단, 친구가 잘못된 답에 동그라미를 쳤으면 다른 곳에 동그라미를 할 수 있다.

❸ 친구의 손에 색연필이 닿지 않도록 주의한다.

❹ 친구가 못 가져가도록 막거나 친구의 손, 팔을 일부러 제지하지 않도록 한다.

○ 놀이 Tip

☞ 마지막 한 문장이 남으면 정확한 표현을 해야 가져갈 수 있다고 미리 설명한다.

☞ 시간이 남으면 각 그림을 학생들이 스스로 말하게 한다.

8

5차시

역할놀이
(Role play)

각 단원의 1, 2차시에서 듣기와 말하기, 3, 4차시에서 읽기와 쓰기를 중점적으로 익혔다. 이것을 최대한 아우르면서도 즐겁게 할 수 있는 활동을 하나 뽑자면 그게 바로 역할놀이다.

주어진 대본을 읽고, 친구의 대사를 들은 후에 내 대사를 말하고 추가로 창의적 대사를 적는다. 언어의 4개 기능이 골고루 섞여 있어 총체적인 단원 마무리를 하기에 어울린다. 친구들과 즐겁게 연기하고, 이를 관람하는 재미까지 있다. 대사를 즐겁게 외워 말하면서 표현을 숙지하며, 목표언어를 좀 더 영어가 유의미하게 쓰이는 상황 속에서 익힐 수 있다.

혹자는 영어 수업 속 역할놀이를 교육 연극이라고 생각하기도 한다. Ladousse(Role play. Oxford: Oxford University Press, 1994)는 영어 시간의 역할놀이는 긴장이 낮은 분위기 속에서 하는 것이며, 공연이라 여기지 않고, 학생들은 동등한 입장에서 역할놀이에 참여하는 동료이지 관객이 아니라고 밝혔다. 그는 교사가 실수를 발견하고 지적하는 것을 자제해야 한다고 했다. 대단한 공연을 하는 것이 아니므로 서로 부담을 갖지 않도록 하는 것이 중요하다.

영어 수업에서의 역할놀이는 준비 과정 및 발표를 간단하게 하자. 짧은 시간 동안 학생이 영어로 즐겁게 자신이 맡은 역할 상황 속에서 의사소통하는 것을 시연해보는 것에 초점을 맞춰야 한다.

역할놀이를 위한 준비

(1) 대본 준비

대본은 보통 출판사 DVD에 자료로 탑재되어 있다. 이를 다운받아 출력한다. 보통 등장인물이 3명에서 5명까지 나오는데, 하나의 역할놀이에 등장인

<역할놀이 대본의 예시 - 천재 5학년 영어(함순애)>

G-5 Lesson 4 ♥ Role play

5학년   반   번호   이름:

등장인물: Malfoy, Harry, Dumbledore, Hermione(마술도우미)

Malfoy: Good morning, Harry. (어깨 살짝 부딪힌다.)

Harry: Good morning, Malfoy. (떨떠름하게 인사한다.)

Dumbledore: (교과서를 가리키고 두리번거리며) Whose textbook is this?

Hermione: It's Harry's.

Dumbledore: Is this yours, Harry? (손가락으로 가리키며)

Harry: Yes, it's mine.

Dumbledore: Whose scarf is this? (마술도우미는 책을 마술봉에 따라 움직여 해리의 손에 놓는다.)

Malfoy: It's Harry's.

Hermione: No, it's Ron's scarf.

Dumbledore: Ron, can I use your scarf?

Ron: Sure.

Dumbledore: (스카프로 마술을 부린다.)

아이들: Wow, great!

Dumbledore: Can you do it?

Malfoy: _____

　　　　(말포이도 마술을 부린다. 하지만 _____.)

물 4명으로 모둠을 구성한다. 3명이면 해야 할 모둠이 많아지고, 5명 이상이면 학생 한 명당 대사량이 부족해진다. 만약 모둠의 인원이 한 명 부족하면 대사가 가장 적은 두 배역을 한 학생이 1인 2역을 한다.

대본에는 대사별로 세부적인 동작을 지문으로 넣는다. 학생들이 대사만 하는 게 아니라 그 동작을 함께 실연하기 용이하도록 하기 위해서다. 지문은 구체적으로 적는 것이 좋다.

마지막 줄에 빈 네모 칸에는 모둠별로 서로 협의하여 마지막 결말 대사를 만들 수 있도록 한다. 하지만 이건 옵션이다. 학생들끼리 연습하고 시연하는 시간이 부족하면 이 부분을 없애도 괜찮다. 연습 시간이 부족하더라도 학생의 아이디어가 조금이라도 들어가는 데 의미를 두어 다채롭게 하고 싶다면 이 부분을 넣는다.

(2) 소품 준비

대본을 읽다 보면 준비하면 참 좋을 것 같은 소품이 있다. 위 대본에서는 마술봉, 스카프가 이에 해당한다. 학기 초에 전체 영어 대본을 살펴보고 필요한 것이 있으면 미리 준비한다. 대용품을 써도 괜찮다. 나는 극 중 나오는 스카프

<무비 슬레이트>

<역할놀이 머리띠>

출처: 아이스크림몰

대신 내 목도리를 준비했고, 마술봉 대신에 내 지시봉을 썼다. 스크루지 이야기에 나오는 신발 대신 내 신발을 가져가기도 했다.

"Ready Action!"이라고 말하며 역할놀이를 할 때 쓰는 무비 슬레이트를 교구 판매 사이트에서 하나 구매해둔다. 여유가 된다면 학생용 역할놀이 머리띠를 함께 구입하는 것도 좋다. 역할을 적어서 바로 머리에 띠 형태로 쓰면 간편하다.

역할놀이 진행 과정

(1) Greeting(인사)

"How is it going?, How have you been?, What's the weather like today?" 등으로 인사를 한다.

(2) Motivation(동기유발)

교과서 출판사는 역할놀이 대본을 만들 때 주로 그 단원의 주요 문장들을 일상생활 속에 녹여 표현한다. 출판사별로 유명한 동화나 소설의 한 장면으로 만들기도 한다. 만약 역할놀이 장면이 호두까기 인형이 배경이라면 차이콥스키의 발레곡인 〈호두까기 인형〉에 대한 간단한 소개를 한다. 해리포터 영화를 기반으로 만든 역할놀이라면 영화의 주요 장면을 보여주고 등장인물 소개를 한다.

(3) 역할놀이 준비

학생들에게 출판사 DVD의 역할놀이 영상을 보여주고 내용 파악을 위한 핵심적인 질문을 한다. (ex. What did Snow white talk to the Queen?, What happened when she ate the apple?) 그리고 대사별로 Listen and Repeat을 한다. 필요하면 새로 등장한 표현에 대해 설명한다. 이후 학생들에게 대본을 나눠준다. 나눠준 대본을 함께 보며 각 문장을 교사가 먼저 실감 나게 읽고 학생들이 따라서 읽게 시킨다. 이때 괄호 안에 있는 행동, 즉 지문을 어떻게 행동해야 하는지 알려준다. 교사가 간단하게 괄호 안의 행동을 보여주면 더 효과적이다.

이후 역할놀이 준비 방법 및 원칙을 설명한다. 역할놀이를 처음 할 때는 상세히 알려주되, 단원이 반복될수록 잘 안되는 것, 또는 중요한 부분만 강조한다. 칠판에 다음의 준비 순서 4가지를 게시하고 역할놀이를 할 때마다 보여주면서 설명하면 더 좋다.

역할놀이 준비 순서

❶ 모둠 배정하기: 한 모둠에 4명씩 배정한다.

❷ 배역 정하기: 일단 학생 각자 원하는 배역으로 정한다. 서로 원하여 겹치는 배역이 있으면 가위바위보로 결정한다. 대사가 많은 배역을 기꺼이 맡는 친구가 정말 멋진 친구라고 이야기한다.

❸ 실감 나게 대본 읽기: 모둠원끼리 모여 앉아 실감 나게 대본 읽기를 한다. 이는 내가 어떤 상황에서 말하는지, 누구 다음으로 말하는지를 익히는 과정이다. 실감 나게 읽기는 2~3회 하는 게 좋다.

❹ 몸동작과 함께 말하기: 대본을 들고 일어나서 몸동작과 함께 대사를 말한

다. 실제 내가 서 있는 곳이 무대라고 생각하고 여러 번 숙달될 때까지 반복한다.

아울러 역할놀이의 원칙 5가지를 학생들에게 아래와 같이 안내한다. 이동식 칠판에 게시해 두고, 역할놀이를 할 때마다 보여주거나 PPT로 만들어서 읽게 한다.

역할놀이 원칙

❶ 틀려도 좋으니 외워서 말하기: 내가 할 말을 대본을 보면서 말하게 되면 대본에 얽매이게 된다. 대본은 꼭 책상 위에 두고 나오게 한다. 최대한 외워서 참가한다. 단, 중간에 막히면 선생님이 도와주겠다고 말한다.

❷ 명확하고 크게 말하기: 우물쭈물 작은 소리로 말하면 듣는 친구들이 무슨 말인지 알아들을 수가 없다.

❸ 청중을 보고 말하기: 연기하는 학생은 몸의 정면이 청중을 향해 있어야 한다. 학생들에게 자신의 뒷모습을 보여주는 게 아니라 앞모습을 보여주며 말하게 한다.

❹ 동작 크게 하기: 동작이 작으면 보는 친구도 답답하다. 반대로 동작이 크면 좀 더 실감 나게 말할 수 있다.

❺ 청중은 친구 연기 집중해 보고 끝나면 크게 박수 보내기: 학생들은 연극배우가 아니다. 준비 기간도 짧다. 잘하든 못하든 끝까지 친구들의 연기를 관람한다. 친구들이 역할놀이를 하는 중에는 자기 대본을 보며 연습할 수 없다. 그리고 잘했든 못했든 열심히 했다고 박수를 보낸다.

(4) 역할놀이 연습과 실행

학생들은 자신이 맡을 배역에 민감하다. 때로 특정 배역을 서로 안 맡으려고 싸우는 학생도 있다. 그 배역이 싫다고 해도 가위바위보에 졌으면 깨끗이 승복해야 한다고 지도한다. 교사는 돌아다니며 학생들이 잘 준비하는지를 확인한다. 타이머를 화면에 띄워 학생들이 시간을 안배하여 준비할 수 있도록 한다. 보통 10~12분을 연습 시간으로 주고, 시연 시간은 대략 6개 모둠 모두 합해 10~15분 정도가 적당하다.

역할놀이가 시작되면 교사는 먼저 연기할 모둠을 뽑는데, 의욕이 넘치는 모둠과 그렇지 않은 모둠을 적절히 섞어서 시킨다. 무비 슬레이트가 있으면 더 실감 나게 할 수 있다. 슬레이트를 교사가 치면 시연이 시작된다. 학생들이 대사를 잊으면 옆에서 알려주며 진행한다. 한 모둠이 끝나면 다음 모둠이 이어서 머리띠를 바꿔 쓰고 역할놀이를 시작한다. 학생들이 다른 모둠이 하는 것을 제대로 보지 않을 때는 우수 청중(Best audience)를 뽑아서 보상을 한다고 하면 열심히 보고 듣는다.

솔직히 10여 분 동안 학생들이 준비해서 하는 역할놀이가 완벽할 수는 없다. MBTI의 I 성향 학생들은 무대에 서는 것조차 어색하다. 하지만 목표는 연극이 아닌 영어로 친구들과 상황 속에 대화하는 것이므로 크게 개입하지 않는다. 단, 열심히 왕성하게 자기 역할에 몰입하여 영어로 잘 말하는 학생들에게는 칭찬해준다. 그리고 역할놀이가 전보다 나아진 학생에게도 잘했다고 말해주자.

역할놀이에서 주의할 점은 콘테스트처럼 모둠에게 점수를 부여하거나 상을 주는 것은 금물이라는 것이다. 학생들끼리 경쟁의식이 생겨서 역할놀이를 열심히 안 한 친구를 공격하는 일이 생길 수 있다. 보상을 받기 위해 친구를 지나치게 다그치는 경우도 있다. 교실이라는 조그만 무대에서 학생들이 대사를 외워서 말하는 것 자체에 의의를 가져야 한다.

어느 정도 몇 개 단원이 지나가서 학생들이 역할놀이에 익숙해질 때면, 역할놀이를 스마트폰으로 녹화해서 함께 보는 것도 재미있다. 이때 함께 영상을 보며 개선할 사항을 알려준다.

(5) Wrap up

역할놀이가 끝나면 다 같이 모두 수고했다고 서로에게 박수를 보낸다. 그리고 다음 역할놀이를 할 때 주의할 점을 알려준다. 이때 쓰기 평가 준비 과제를

<쓰기 평가 학습지의 예시>

Lesson 1. I'm in the Sixth Grade

1. Vocabluary

1. first	첫째
2. second	둘째
3. third	셋째
4. fourth	넷째
5. fifth	다섯째
6. sixth	여섯째

7. grade	학년
8. join	가입하다
9. us	우리를
10. club	동아리
11. guitar	기타
12. right	옳은

2. Key Expressions

1. What grade are you in? (너 몇 학년이야?)

2. I'm in the sixth grade. (나 6학년이야.)

3. Can you join us? (우리와 함께하지 않을래?)

4. Sorry I can't. (미안한데 그럴 수 없어.)

5. We are in the same grade. (우리 같은 학년이야.)

준다. 학생들에게 이번 단원에서 익혀야 할 주요 쓰기 과제를 제시하고 다음 시간에 시험을 볼 예정이므로 미리 연습하라고 한다. 더불어 필수 단어와 표현을 미리 출력해서 나눠준다.

5차시 마지막에 공부해 오라고 준 쓰기 평가지를 준비한다. 쓰기 평가지는 기존에 배부했던 핵심표현에서 학생들이 답으로 쓸 부분을 남겨두고 편집해서 문제로 만들면 된다. 그리고 단원 마무리 문제도 준비한다. 보통 10문제 정도면 된다. 미리 학습지를 교과서 출판사 홈페이지에서 단원평가로 출력하면 된다.

9

Let's Check
(확인하기)

그동안 듣기, 말하기, 읽기, 쓰기, 역할놀이로 목표언어를 열심히 익혔다면 이제 자신의 실력을 확인하고 점검하는 시간이다. 여러 개의 영역별 주요 문제를 풀고 확인하는 시간이 이어진다. 학생들에게는 부담스러운 시간이지만, 교사로서는 여유로운 시간이다. 학생 스스로 자신이 잘 익힌 역량은 무엇인지, 부족한 것은 무엇인지 확인하고 그 부족한 부분을 채우게 하자.

(1) Greeting(인사)

"Hello. How are you?"라고 짝과 서로 인사하게 한다. 'T: It's a special day today / S: ? / T: It's a test day today.'라고 하면 학생들이 "우~!" 하기도 하고 깜짝 놀라기도 한다.

(2) Motivation(동기유발)

Checking day인 만큼 특별한 동기유발은 없다. 오늘은 문제를 풀면서 자신의 실력을 알아보고, 부족한 부분은 보충하는 날이라고 밝힌다.

(3) 활동 1. Let's check

교과서 각 단원의 마지막 차시의 문제를 풀어본다. 보통 듣기, 말하기, 읽기, 쓰기 등의 문제가 따로 나온다. 듣기, 읽기, 쓰기 문제는 시간을 주고 풀게 한 후 출판사 DVD를 보며 학생들과 함께 답을 채점한다.

말하기 파트는 되도록 짝 활동으로 한다. 그림을 보고 대화를 짝과 함께 만들도록 시간을 준다. 이후 랜덤 추첨으로 여러 모둠 중 하나를 뽑아 발표를 시킨다. 그리고 모범답안을 제시한다. 랜덤으로 뽑을 때는 주로 번호 추첨(아이스크림 홈페이지 또는 출판사 DVD 활용)으로 한다.

(4) 활동 2. 단원 마무리 문제 풀기

교과서 출판사 홈페이지에서 제공하는 단원 마무리 문제를 출력하여 풀게 한다. 풀기 전에 이 문제는 성적에 들어가지 않으며 답을 불러주겠다고 설명한다. 그리고 학생 스스로 채점하여 부족한 부분이 어떤 것인지를 확인하기 위한 것임을 알려준다. 보통 10문항 정도 분량으로 준비한다.

듣기평가 부분은 오디오 클립을 틀어준다. 시험지를 다 푼 학생은 시험지를 뒤집어 두고, 뒷장에 그림을 그리거나 쓰기 평가 시험 준비를 한다.

일정 시간이 지난 후에 문제지를 학생 스스로 채점하게 한다. 그리고 문제지에 답을 적고 실물화상기를 통해 간단히 설명한다. 학생들은 답과 설명을 들으며 스스로 채점한다.

(5) 활동 3. 미니 쓰기 시험

단원의 주요 단어와 문장을 바탕으로 만들어두었던 쓰기 평가 시험지를 나눠준다. 지난 5교시 역할놀이가 끝나고 나눠준 쓰기 평가 준비 학습지를 토대로 쓰기 문제를 미리 만들어둔다. 학생들에게는 틀린 문제에 대해 다음과 같은 과제를 미리 고지한다.

- 틀린 단어와 문장은 다섯 번씩 영어 공책에 다음 시간까지 적어 오기
  (한글 뜻은 한 번만 적기)
- 시험지도 함께 가져오기

평가 시험지를 다 풀면 선생님에게 가져오게 한다. 학생들은 시험지를 가지고 나와 선생님 앞에 줄을 선다. 교사는 단상에 서서 학생들이 가져온 시험지를 그 자리에서 바로 채점해서 준다.

처음에는 정답지를 보고 채점하지만, 단어와 문장이 쉬워 그 자리에서 바로 채점하여 학생들에게 주는 게 가능하다. 학생들에게 채점을 받으러 나올 때는 다음 사항을 유의하라고 설명한다.

- 시험지를 가지고 나올 때는 연필을 두고 나와야 함
- 시험지를 가지고 나오면 다시 들어갈 수 없음
- 아직 시험 문제를 푸는 학생이 있기 때문에 시험에 대해 말하지 않음
- 틀린 단어나 문장은 영어로 5번, 한국어로 1번씩 영어 공책에 적어와야 함

학생들이 채점을 받기 위해 교사 앞에 줄을 서 있는 게 싫다면 미리 준비한 상자에 시험지를 두고 가면 바로 그 자리에서 채점하고, 채점 종료 후 학생 이

<쓰기 평가 시험지 예시>

단원 마무리문제

3. I Have a Headache
4. It's Next to the Restaurant

제 6 학년   반   번 이름 : (   )

※ 1번부터 6번까지는 듣고 푸는 문제입니다. 잘 듣고 물음에 답하시오.

1. 다음을 듣고 그림에 알맞은 말을 고르세요.···( )

① ② ③ ④ ⑤

2. 대화를 듣고 도서관의 위치를 고르세요.···( )
① 학교 뒤   ② 학교 앞
③ 서점 앞   ④ 학교와 서점 사이
⑤ 학교 뒤 서점 앞

3. 다음을 듣고 여학생의 말로 가장 알맞은 것을 고르세요.·······( )

① ② ③ ④ ⑤

4. 대화를 듣고 내용과 일치하지 <u>않는</u> 것을 고르세요.·······( )
① 아들은 콧물도 난다.
② 아들은 감기에 걸렸다.
③ 엄마와 아들의 대화이다.
④ 아들은 야구를 하고 싶어 한다.
⑤ 엄마가 밖에 나가지 말라고 하셨다.

5. 대화를 듣고 대화 후에 여학생이 할 행동으로 알맞은 것을 고르세요·······( )
① 병원에 간다   ② 차를 마신다
③ 줄넘기를 한다   ④ 물을 마신다.
⑤ 잠자리에 든다.

6. 다음 들려주는 내용은 Kate의 일기입니다. 잘 듣고 Kate에게 가장 어울리는 조언을 고르세요.···( )

① ② ③ ④ ⑤

※ 7번부터 10번까지는 읽고 푸는 문제입니다. 문제 를 잘 읽고 물음에 답하세요.

7. 다음 건물의 이름을 영어로 쓰세요

(   )

8. 대화를 읽고, Kate의 증상과 이에 대한 조언이 바르게 짝지어진 것을 고르세요.·················( )

> Mom: What's wrong?
> Kate: I have a fever.
> Mom: Oh, you have a cold. Drink this tea.
>   Don't play outside today.
> Kate: Okay, Mom.

① 감기 - 병원에 가는 것
② 복통 - 약을 먹는 것
③ 치통 - 치과에 가는 것
④ 열 - 차를 마시는 것
⑤ 두통 - 누워서 쉬는 것

9. 다음 그림을 보고 어울리는 대화를 완성하시오.

A: [_____ __]

B: Take   this
   _____

<쓰기 평가 시험지 예시>

Lesson1. I'm in the Sixth Grade 주요 단어, 표현 쓰기 TEST

학년   반   번호   이름(   )

A. 다음 한국어 뜻에 해당하는 영어 단어를 쓰세요.

1. 첫째

7. 학년

2. 둘째

8. 가입하다

3. 셋째

9. 우리를

4. 넷째

10. 동아리

5. 다섯째

11. 기타

6. 여섯째

12. 옳은

B. 다음 한국어 문장에 해당하는 영어 문장을 쓰세요.

1. 너 몇 학년이야?

2. 나 6학년이야.

3. 우리와 함께하지 않을래?

4. 미안한데 그럴 수 없어.

5. 우리 같은 학년이야.

름을 불러 가져가게 할 수도 있다.

틀린 것이 있는 학생에게는 지금 숙제를 하라고 하고, 다 맞은 학생에게는 휴식을 즐기라고 말한다. 다 맞은 학생들은 명렬표에 따로 표기하여 다음 숙제 검사 때 이 학생들을 제외하고 검사하면 된다.

(6) 마무리

시험 결과는 어땠는지, 테스트 결과에 만족하는지 묻는다. 그리고 틀린 문제의 정답을 영어로 5번, 한국말로 1번씩 영어 공책에 적어 오라고 과제를 준다.

CHAPTER
05

영어 교과 수업 경영

1

오리엔테이션

영어전담교사는 영어 수업만 잘하면 된다? 반은 맞고 반은 틀린 말이다. 잘되는 영어 수업 안에는 교사와 학생과의 신뢰, 수업에 참여하는 합의된 학생의 태도 유지, 기본 약속 지키기, 각자의 역할 인지, 활동에 대한 암묵적인 상호 간의 경험이 녹아 있다. 이는 수업만 잘해서 되지 않는다. 사전에 교사가 어떤 영어 수업을 바라는지, 무엇을 중요하게 생각하는지를 학생들에게 지도해야 한다.

지켜야 할 것과 해서는 안 되는 것을 숙지시키고 지속적인 지도를 하자. 학생들에게 영어 수업 시간에 해야 할 역할에 대해 알려줘야 한다. 이런 것들이 바탕이 되면 영어 수업은 더 자연스러워진다. 불필요하거나 소모적으로 시간을 낭비하는 일도 줄어든다. 이를 하나로 묶어서 '영어 교과 전담 경영'이라고 부른다. 그럼 영어전담교사로서 영어 교과 전담 경영을 어떻게 해야 할까?

영어 수업의 첫 단추를 끼우는 게 바로 오리엔테이션이다. 첫 만남은 늘 설레기도 걱정되기도 한다. 학생들도 마찬가지다. 첫 만남만큼 학생들이 몰입하고 집중하며 바르게 앉아 있는 날도 없다. 학생들은 이번 영어 선생님은 어떤 분일까? 하는 생각에 호기심 반 걱정 반으로 선생님을 바라본다. 서로 잘 모르기 때문에 더더욱 예의를 지키고자 한다. 이런 첫 시간에 하는 오리엔테이션 은 정말 중요하다. 난 오리엔테이션에 3~4차시 정도를 할애하고 오리엔테이 션 주간이라고 따로 부른다.

오리엔테이션 첫 시간에는 교사가 자기소개를 한다. 물론 영어로 자기소 개를 준비한다. 되도록이면 쉬운 영어를 사용하여 학생들이 이해할 수 있도 록 도와준다. 그리고 어느 정도 자기소개를 하고 나면 한국말로 바꿔서 설명 한다. 선생님이 영어를 잘하시는구나 하는 첫 이미지를 만드는 것이 1년 영어 수업에 큰 도움이 된다.

이후 선생님에 대해 알려주는 OX 퀴즈를 진행한다. 이름, 사는 곳, 해외여 행 경험, 좋아하는 학생 유형 등 선생님의 일반적인 신상이나 경험에 대해 알 아보는 퀴즈를 풀게 한다. 선생님에 대한 사전 정보가 없기 때문에 학생들은 거의 찍는 수준이다.

첫 시간인 만큼 선생님이 좋아하는 학생 유형과 싫어하는 학생 유형을 명확 하게 밝힌다. 선생님은 적극적으로 열심히 하는 학생을 좋아한다고 말한다. 영어를 잘하든 못하든, 영어에 관심이 많든 적든, 원래 좋아했든 안 했든 상관 없다고 한다. 단, 열심히 수업에 참여하고자 하는 모습을 보이면 차별 없이 그 학생을 좋아할 것이라고 말한다. 그리고 선생님이 가장 싫어하는 학생은 바 로 '발언권' 없이 떠드는 학생이라고 말한다. "Can you guess the student I dislike? The student who talks without being called on." 이렇게 발언권 에 대한 설명을 시작한다. 발언권이 왜 필요한지 이유를 다음과 같이 말한다.

"우리가 개인과외나 1:3, 1:4 등으로 만나서 공부하면 발언권이 필요 없어요. 하지 만 우리는 지금 선생님 한 명과 학생 20명 이상으로 만나고 있습니다. 자기 맘대로 떠 든다면 의사소통이 되지 않아요. 수업은 선생님이 말을 하면 학생은 경청하는 게 기본이에요. 그때 학생이 함께 말한다는 것은 선생님 말씀을 듣지 않고 있다는 거예요. 뿐만 아니라 다른 친구의 수업을 방해하게 되는 것입니다. 선생님의 허락을 받지 않은 채 말을 한다면 수업의 흐름이 끊겨져요. 그러므로 여러분은 지금부터 발언권을 얻고 말을 해야 합니다."

둘째 시간은 영어 한해살이 길라잡이에 대한 설명을 한다. 영어 한해살이 길라잡이는 말 그대로 앞으로 영어 수업에 어떻게 임해야 하는지에 대한 지침서 같은 것이다.

길라잡이는 4쪽 정도로 만드는데, 여기에는 영어 교실의 목표, 선생님 소개, 영어 교실 수업 원칙, 학생의 올바른 수업 자세, 준비물, 영어 수업 시간 규칙, 영어를 배우는 이유, 잘못된 행동에 대한 벌칙 등을 담는다. 중요한 질문 및 내용은 빈칸으로 남겨두고 학생들이 스스로 적게 한다. 가장 중요한 건 수업 목표다. 한 해 동안 무엇을 위해 공부하는가를 설명한다.

이후 영어 교실의 수업 원칙에 대해 설명한다. 가장 중요한 원칙은 영어 시간에 영어로 말하고 읽고 쓰는 것이다. 물론 한국말이 꼭 필요할 때, 표현하기 어려운 말을 해야 할 때는 한국어로 말하지만, 기본은 영어로 말하는 것이다. 이 원칙을 강조하면 학생들이 수업을 방해하는 것을 어느 정도 방지할 수 있다. 그리고 영어 시간에 올바른 학생의 수업 자세에 대해서도 밝힌다. 아울러 준비물에 대해 설명하고 세부 영어 시간 규칙을 말한다.

'영어를 왜 배워야 하는가?'에 대한 이야기도 나눈다. 이 질문에 학생의 의견을 먼저 적어보게 한 후 짝과 의견을 나누게 한다. 영어는 전 세계적으로 쓰이는 공용 언어이고, 세계 문화 예술의 상당수가 영어로 되어 있으며, 영어는 많은 사람에게 새로운 기회를 제공한다는 것을 설명한다. 인터넷 정보의 70% 이상이 영어로 되어 있다는 것도 알려준다. 영어를 잘하고 못하는 기준은 무엇인지에 대해서도 물어보고 학생에게 그것을 적게 한다.

마지막으로 잘못된 행동에 대한 벌칙을 설명하는데, 토머스 W. 펠런이 말했던 '123 매직'을 활용한다. 경고 횟수가 3번이 되면 교실 뒤에서 공부하게 된다고 알려준다. 수업 시간이 끝나고 선생님과 이야기를 나누어야 한다고도 말한다. 때로는 여기까지 내용을 40분 안에 말하는 게 벅찰 때가 있다. 그럴 때는 영어를 왜 배워야 하는가와 벌칙에 대한 설명을 한 차시 더 편성한다.

오리엔테이션 셋째 시간에는 본격 수업에 앞서 명탐정 활동 시간을 갖는다. 학습지에 교과서 중간중간 나오는 삽화의 일부분 또는 대표 문장의 일부분을 캡처하고, 그 부분에서 핵심단어의 일부분을 가려둔다. 그리고 가려둔 문장이나 단어를 교과서에서 찾아 써보도록 한다. 학생들이 다 풀면 답을 함께 맞혀본다. 그러면서 교과서를 전체적으로 한번 훑어보게 만든다. 보통 단원을 새롭게 시작할 때 많이 쓰는 형태다.

그다음 차시에는 이전 학년에서 배운 내용을 중심으로 진단평가 시험지를 주어서 풀게 하고 함께 답을 맞혀본다. 교과서 출판사 홈페이지에 들어가서 전 학년도 총괄평가 또는 당해연도 진단평가 시험지를 이용한다. 채점은 학생 스스로 하게 한다. 시험지를 걷어서 살펴보며 학생들의 수준을 진단한다. 학생들에게 시험부터 보게 하는 게 부담스럽다면 시험지의 문항을 골든벨 형태로 바꿔서 해도 좋다.

※ 영어 수업 오리엔테이션 양식

(QR코드를 스캔하면 자료를 다운받을 수 있습니다.)

2

영어 수업을 방해하는
학생들은 어떻게 해야 할까?

영어 수업은 다른 교과에 비해 여러 활동(게임)이 포함되고 학생들의 참여율이 높다. 하지만 늘 그렇듯 몇몇 학생은 우리의 예상과 다른 행동을 한다. 어떤 학생은 친구들을 방해하지는 않지만 조용히 딴짓을 한다. 어떤 학생은 적극적으로 다른 친구들이나 선생님을 방해한다. 가장 많은 방해꾼은 계속해서 수업 중에 떠드는 학생들이다. 이 학생들이 그렇게 행동하는 이유는 다양하다. ADHD일 수도, 집에서 엄마에게 혼나고 학교에 와서 화풀이할 수도, 게임에 과몰입해서 일 수도, 친구에게 장난을 치고 싶어서 일 수도 있다.

영어전담교사에게 중요한 건 현재 운영하는 영어 수업이다. 학생에게 중요한 건 영어 교실에 들어와 효율적으로 영어를 익히고 돌아가는 것이다. 영어 수업을 방해하는 행동을 보이는 근본적인 원인을 찾아서 학생의 품행을 고쳐 나가기에는 우리가 학생을 만나는 시간이 절대적으로 짧다. 영어전담교사는 담임교사처럼 한 반만 가르치지 않는다. 많게는 일주일 동안 몇백 명의 학생을 가르칠 수도 있다. 학생 한 명 한 명의 문제 행동의 원인을 찾아 해결하기에는 시간이 부족하다.

학생들이 영어 교실에 오면, 수업 시간이 되면 당연히 이것을 지켜야 하는 구나 하는 규정의 습관화, 그리고 그것을 못 지키면 이렇게 된다는 것을 보여주는 벌칙, 이것을 잘 지키면 이렇게 좋아질 때도 있구나 하는 좋은 행동 강화 등 이 세 가지에 초점을 두어야 한다.

규정의 습관화

수업을 시작할 때 학생들과 자주 외치는 구호가 있다.

"Talk in English!" / "Korean? after Class!" / "Get permission(발언권) before you speak!"

사전에 이 구호에 대해 학생들에게 설명한다. 그리고 칠판 맨 위에 잘 보이는 곳에 써둔다. 3월 본격적인 수업 시작에 앞서 다음과 같이 이야기하면서 칠판의 문구를 함께 읽는다.

"이곳은 영어 교실이에요. 영어 교실은 영어를 배우러 오는 곳입니다. 선생님은 여러분이 여기서 영어로 끊임없이 말하고, 쓰고, 듣고, 읽기를 바랍니다. 이 공간 밖에서는 한국말로 떠들어도 되지만, 이 공간 안에서는 꼭 영어를 써야 합니다. 그러므로 선생님은 지금부터 여러분의 한국말을 최대한 규제할 거예요. 단, 선생님이 영어로 표현하기 어려운 질문을 할 때, 여러분끼리 토의가 필요할 때는 한국말을 허용할 거예요. 하지만 그 외에 수업과 관계없는 한국말은 이제부터 하지 않기로 약속해요. 이게 영어 수업의 핵심 규칙입니다."

영어 수업에는 여러 규칙과 원칙이 있지만, 이것만 잘 지키게 만든다면 큰 문제가 일어나지 않는다. 수업하다 보면 여지없이 떠들거나 자기 맘대로 한국말로 말하는 학생이 있다. 그러면 손가락이나 지시봉으로 칠판의 세 개 문구 중 하나를 가리키며 그 학생에게 "Did you get permission and speak?"라고 묻는다. 알아듣지 못하면 한국말로 다시 묻는다. "발언권을 얻고 한국말을 하는 거예요? 지금 하는 한국말은 수업을 방해하는 거예요."라고 말한다. 그리고 다시 수업으로 돌아간다. 하지만 그래도 조금씩 간헐적으로 한국말로 소곤소곤 대는 학생들이 있다. 그럴 때는 수업을 멈추고 이렇게 말한다.

"Hey, Some students are talking in Korean."

학생이 발언권 없이 한국말로 이야기하거나 수업에 불쑥 질문으로 끼어들면 "질문할 때는 손을 들고 발언권을 얻고 말해야 해요. 여기는 혼자 공부하는 곳 아닙니다."라고 진지하게 말해야 한다.

벌칙의 적용

그럼에도 불구하고 일부 학생들은 끊임없이 수업을 방해한다. 물론 그 학생들은 수업을 방해할 의도가 없을 수 있다. 단지 수업을 열심히 듣길 원치 않을 수도, 집중력이 떨어졌을 수도, 반대로 너무 활동에 몰입한 나머지 규칙을 어길 수도 있다.

규칙은 학생이 잘 지켜야 하고, 수업 원칙은 교사가 잘 지켜야 한다. 학기 초 오리엔테이션에서 나온 '123 매직'을 정확하게 적용할 필요가 있다. 특히 학기 초 첫 2주간은 정확하게 규칙이 적용된다는 것을 학생들에게 보여줘야 한다.

예를 들어 계속 발언권 없이 떠드는 학생에게 "Be quiet please."라고 말하며 칠판에 있는 'Get a say(발언권) and speak'를 보여준다. 그래도 계속 떠들거나 다른 방해 행동을 하면 바로 "Warning 1."이라고 말한다. 그리고 행동의 개선 여지가 없으면 "Warning 2."라고 말한다. 이때 교사는 학생이 반복적으로 문제 행동을 하기 때문에 그 즉시 훈육하고 싶어진다. 하지만 강한 감정을 드러내는 것을 억제하고 규정을 어겼다고 알려주기만 한다. 그리고 문제 행동의 개선 여부를 확인한다. 그 학생이 또 수업을 방해하거나 불성실한 태도를 보이면 "Warning 3, Go back."이라고 말한다. 이 시점에서 그 학생을 교실 뒤의 별도 자리에서 수업을 받게 한다.

교권 보호를 위하여 최근에 개정된 각 학교생활 규정에도 교사의 수업 방해 시 교실의 지정된 장소에서 수업을 받게 할 수 있다고 나와 있다. 그 학생에게 남아서 성찰문을 쓰고 선생님과 상담을 해야 한다고 말한다. 일정 시간이 지나면 다시 자기 자리로 들어오게 한다. 훈육 대상이 되는 학생은 선생님이 'Warning'을 주는 순간 본인이 어떤 일 때문에 그런지 보통은 안다.

이렇게 3번에 걸쳐서 경고한 후에 수업을 계속 진행한다. 그러고 나서 쉬는 시간에 그 학생과 대화한다. 그러면 그 사이 감정은 어느 정도 누그러져 있고, 교사로서 최대한 객관적으로 침착하게 문제 행동을 한 학생을 대할 수 있다. 단, 학생의 행동이 심각하거나 폭력, 지나친 욕설 등이 있을 경우에는 세 번 경고 이전에 바로 교실 뒤로 보낸다.

보통 쉬는 시간에 다시 이야기하면 대부분의 학생은 본인의 잘못을 인정한다. 하지만 학생이 잘못된 행동을 수정하기까지는 오랜 시간이 걸리는 경우도 많다. 그래도 이 방법을 쓰면 문제는 어느 정도 해결된다.

물론 이런 경고에도 불구하고 지나치게 장난을 치거나 아예 반항적으로 나오는 경우도 있다. 특히 경고했는데도 얼마 지나지 않아 다시 잘못된 행동을 하기도 한다. 이런 학생의 말과 행동이 교사에게는 중대한 도전으로 받아들여진다. 이를 가지고 바로 교사가 화를 낼 수 있을지도 모르지만, 화를 내는 건 영어 수업을 일순간 얼어붙게 만들어버린다.

강하게 반 전체 훈육을 때때로 해야 할지도 모른다. 이런 훈육을 최소화하는 것이 결국 학생에게도 교사에게도 좋다. 이럴 때는 잠시 멈춤이 필요하다. 수업이 잠시 중단되면 일단 숨을 고르고, 문제 학생에게 수업 끝나고 이야기하자고 말한 후 다음 활동을 이어가는 게 결과적으로는 좋다. 자주 큰 소리를 내는 것은 교사의 에너지 소진과 후회로 이어지는 경우가 다반사이다.

명료하게 생각하자. 이런 한두 학생 때문에 다른 학생들의 수업이 일그러지지 않게 하겠다고. 그리고 쉬는 시간에 함께 이야기하면서 학생으로부터 분명한 사과를 받아내야 한다.

슬프게도 이들의 행동이 단번에 바뀌지 않는 경우가 많다. 때로는 이들이 즐겁게 영어 수업에서 활동할 때도 있지만, 한번 물이 새는 바가지는 영어 교실에서, 자기 반 교실에서, 과학실에서도 셀 것이다. 그 바가지의 구멍을 메우는 건 쉽지 않다.

단번의 처방이 학생의 좋지 않은 습관을 확실히 고친다는 생각을 버리자. 영어 교실에 오면 이렇게 행동해야 한다는 것, 그리고 그렇게 하지 않으면 이렇게 된다는 것을 반복적으로 느끼게 해줄 수밖에 없다.

좋은 행동에 대한 칭찬

"이미 학원에서 한 선행학습으로 선생님이 가르치는 내용이 쉽든, 선행학습을 한 적 없어 불안하든 선생님은 여러분을 구분하고 싶지 않아요. 선생님은 여러분이 열심히 하는 모습만 보여주면, 수업에 집중하고 활동에 열심히 참여한다면 그걸로 만족합니다."

성적으로만 칭찬한다면 학원에서 선행학습을 한 학생들이 그 대상이 되기 쉽다. 물론 학생이 좋은 성취도를 보이면 칭찬을 해주는 건 당연하다. 하지만 기본적으로 성취 수준이 낮은 학생이 향상된 모습이나 노력하는 태도를 보이면 이를 콕 집어서 칭찬해야 한다.

문제 행동을 하는 학생에게 하는 칭찬은 꽤 효과가 있다. 내가 가르친 학생 중 떠드는 걸 즐기는 아이가 있었다. 장난도 심해 자주 Warning을 받았다. 근데 그 학생이 어느 날 나에게 원어민 흉내를 내면서 "쌤. I'm 급해요. toilet toilet. OK?" 하고 말했다. 아이들은 재밌다고 난리였고, 난 그 자리에서 그 학생을 많이 칭찬했다.

"Wow! ○○ is trying to speak in English. Great! ○○처럼 아는 단어를 가지고 영어로 말하려고 노력하는 모습이 참 좋아요. 내가 틀릴까 봐, 그래서 창피할까 봐 영어로 말하지 못하는 친구들보다 ○○가 나중에 영어 실력이 더 많이 늘 거예요."

그 학생의 어깨가 으쓱해지는 모습, 간만의 칭찬에 놀라는 모습을 보였다. 그 학생은 그 시간 이후부터 영어 수업 참여 태도가 매우 성실해졌다.

아무리 문제 행동을 많이 하는 학생도 40분 내내 문제를 만들지는 않는다. 때때로 수업에 잘 참여한다. 그때를 노려서 의도적으로 칭찬한다면, 그 한 번으로 남은 영어 수업 태도가 달라진다.

3

약속 신호 만들기

 초등 영어에서는 학생이 직접 활동하는 시간이 수업의 중심이다. 학생들은 이 시간에 역동적으로 움직이고 활동에 몰두하면서 학습목표를 향해 도전한다. 만약 학생들이 시끄러워질 때마다 큰 목소리로 "Be quiet!"라고 계속 외치면 어떻게 될까?

예전 영어전담교사 초창기 시절, 학생들과 두 카드를 뒤집어서 같은 짝을 찾는 메모리 게임 활동을 했다. 학생들은 열심히 하고자 하는 열의에 차서 눈이 반짝거렸다. 미리 정해 놓은 시간이 지나 활동을 끝내려고 "OK, everyone. Stop the Game. Look and me."라고 말했다. 하지만 오직 3명의 학생만 나를 바라봤다. 다른 학생들은 게임을 하느라 정신이 없었다. 두 손을 확성기 모양으로 만들어 소리를 크게 여러 번 질러야 했다. 학생들을 조용히 시키는 데만 2~3분이 걸렸고, 목 상태는 점점 나빠졌다.

학생들과 약속 신호를 미리 학기 초에 훈련했으면 어땠을까? 약속 신호에 학생들이 익숙해지면 수업 진행이 매끄러워진다. 무엇보다도 정해진 시간에 학생들의 행동을 멈추게 하고 교사에게 한순간 집중하게 만드는 효과가 있다.

약속 신호가 복잡할 필요는 없다. 필수적인 상황에 대해 몇 가지를 정해서 학기 초에 연습하면 된다. 내가 학생들과 자주 쓰는 신호는 다음과 같다.

〈약속 신호 만들기의 예〉

의도	교사가 이렇게 말하면	학생이 이렇게 말함(행동)	설명
학생들을 집중할 수 있게 만들고 싶을 때	"Eyes on me."	"Eyes on you." 하면서 양손을 선생님에게 향함	학생들이 어떤 행동에 빠져 있을 때 많이 쓴다. 양손을 선생님에게 향해 뻗은 후 자연스럽게 내리도록 한다. 때로는 "Eyes on the window.", "Eyes on the TV."라고 외친다. 그리고 친구의 발표를 경청하게 만들기 위해 "Eyes on 철수." 하면 학생들도 철수를 보며 "Eyes on 철수."라고 말하고 철수를 향해 손가락을 뻗는다.
활동을 멈추게 하고 싶을 때	"빰 빠바 빰빰"	"빰빰" 하고 박수 한 번	"빰 빠바 빰빰"을 선생님이 하면 학생들은 "빰빰"하면서 손뼉을 치며 선생님을 본다. 선생님이 "빰~~ 빠~~바~~ 빰~~ 빰~~" 하고 느리게 말하면, 학생들은 "빰~~빰~~" 하고 느리게 대답하고 손뼉도 천천히 친다.
학생들이 화장실에 가고 싶을 때		 손으로 이 표시를 선생님에게 보여주기	화장실에 가고 싶을 때 손들고 말하기를 창피해하는 학생이 꽤 있다. 그런 말을 공개적으로 하기를 꺼려 한다. 그래서 이 표시를 선생님에게 보여주면 선생님은 손짓으로 다녀오라고 신호를 보낸다.
조용히 하게 만들고 싶을 때	(손으로 가리키며) "쉿!"		특별한 건 아니지만, "쉿!"을 성대 떨림 없이 크게 말하면 의외로 효과가 있다. 떠드는 학생 한 명을 손으로 가리키며 해도 효과가 있다.

4

영어 수업의 감초 'English Partner'

 언어는 사람과의 소통을 전제로 한다. 영어 수업 시간에 배운 내용으로 소통하면 할수록 학생의 영어 실력은 향상된다. 하지만 교사와의 직접적인 소통에는 한계가 있다.

이때 바로 'English Partner'가 중요한 역할을 한다. English Partner라고 하면 대단한 것 같지만 사실 옆에 앉아 있는 짝이다. 학기 초에 English Partner에 대해서 아래와 같이 학생들에게 설명한다.

- English Partner의 뜻
  - 내 옆에서 영어로 이야기하는 친구(짝), 나의 영어 실력 향상에 도움을 주는 친구, 나와 영어를 함께 배우는 친구

- English Partner와 교실에서의 짝이 다른 점
  - English Partner는 영어 실력을 서로 향상시키기 위해 존재한다.
  - English Partner는 내 영어 공부에 도움이 되는 관계이다.
  - English Partner는 기본적으로 영어로 소통하는 사이이다.

• English Partner의 역할

- 대화 상대: 친구가 말하면 잘 들어주고 친절하게 말한다.

- 확인하기: 친구 것을 채점하거나 확인할 때는 놀리지 않는다.

- 도움주기: 친구가 해야 할 활동을 어려워하면 친절하게 설명해준다.

- 게임 상대 : 친구와 게임을 할 때는 공정하게 한다. 게임의 결과는 중요하 지 않다. 열심히 참여만 해도 좋다. 게임의 결과로 친구를 무 시하지 않는다.

- 협력자 : 함께 힘을 합해 서로 돕는다.

English Partner는 수업 활동 곳곳에서 활용된다. 각 단원 1~4차시까지 의 Production 활동에서 짝과 하는 게임을 할 때 English Partner는 중요한 역할을 한다. 게임을 하면서 둘 중 한 명이 규칙을 이해하지 못할 때 English Partner는 훌륭한 도우미가 된다. 2차시 말하기 중심 Let's Practice에서도 English Partner와 대화를 하게 한다. 3~4차시 Let's Read 또는 Let's Write 에서도 문제에 답을 적은 후 스스로 채점했으면 꼭 짝과 확인하게 한다. 영어 골든벨 활동을 할 때도 짝과 먼저 답을 확인하고 선생님에게 보여주게 한다. 6차시의 Let's Check에서도 English Partner와 대화를 만들도록 한다.

English Partner는 한 달에 한 번씩 바꿔준다. 그러면 English Partner와 한 달에 13차시 정도 함께하게 된다. 13번 영어 공부할 동안 짝이므로 서로 적응할 시간을 감안하면 한 달이 적정하다. 짝을 바꿀 때는 컴퓨터 엑셀 파일 로 무작위 섞는 프로그램, 온라인 짝 바꾸기 프로그램을 활용한다. 학생들이 보는 앞에서 실시간으로 바꾸는 것이 좋다. 선생님이 바꾸는 게 아니라 컴퓨 터가 바꾸는 것이므로 학생들의 불만이 덜하다.

짝을 바꾸기 전에 다음과 같이 분명한 어조로 말한다.

"현명한 사람은 자신의 자리를 탓하지 않는다고 합니다. 여러분 옆에 누가 앉든 내가 스스로 열심히 하면 됩니다. 여러분의 English Partner는 함께 영어 공부를 하라고 있는 거예요. 그 역할에만 집중하면 됩니다. 그리고 자리를 바꿀 뿐이지 짝을 바꾸는 것이 아닙니다."

5

보상은 어떻게 해야 할까?

 수업 중 활동에서 좋은 결과를 만든 것에 대한 보상으로 무엇을 얼마만큼 해줘야 하나는 늘 고민이다. 보상 자체가 유인책이 되어서 학생들이 좀 더 열심히 활동하게 만들 수 있기 때문이다. 중요한 건 보상이 학생의 성과에만 주어지면 안 된다는 것이다.

예를 들어 Production 단계에서 모둠별 퀴즈 대결을 시켜 1등을 한 모둠에게 사탕을 주고, 그다음 차시에서 짝 활동을 하고 이긴 학생에게도 사탕을 준다면? 그다음 차시에서는 활동하기도 전에 학생들이 묻는다. "선생님! 이번에도 사탕 주실 거죠?"

보상이 습관이 되면 보상 없는 활동에는 적극적으로 참여하지 않을 수 있다. 그렇게 질문하는 학생에게는 "I have no idea."라고 일부러 모호하게 말한다.

보상이 너무 없어도, 너무 많아도 문제이다. 너무 정기적이어도 학생뿐만 아니라 교사 또한 그 보상에 얽매이게 된다. 학생들의 활동에 매번 점수를 매기는 것도 외적 보상의 노예가 되게 만든다. 보상이 크거나 확실할 때 학생들은 승부에 지나치게 집착하기 때문에 부작용도 만만치 않다.

개인적으로 포인트 제도를 좋아하지 않는다. 어떤 영어 선생님들은 학생들의 활동 결과를 점수로 수치화하여 달란트나 스티커를 주고 붙이게 하여 일정 포인트를 넘어가면 상을 준다. 온라인 학생, 학부모 소통 도구인 클래스도조(Classdojo)에도 각 캐릭터에 포인트를 부여하는 것이 이와 비슷하다.

난 치밀한 사람이 아니기에 일일이 학생들이 하는 활동에 포인트를 주는 시스템을 운영하지 않는다. 각 활동에 몇 포인트를 부여할지 고민하는 것도 싫다. 무엇보다 싫은 건 학생들이 "스티커 줘요, 안 줘요?", "스티커 몇 개 줄 거예요?"라고 묻는 거다. 스티커를 주면 열심히 하고 주지 않으면 안 한다는 것이 외적 보상에 의존하는 태도이기 때문이다.

게임의 결과가 학생들의 노력과 비례할까? 교사가 주는 보상은 공정한 절차에 의한 걸까? 꼭 그렇지는 않다. 수업 시간에 하는 게임의 승패 상당수는 우연의 요소가 지배한다. 특히 가위바위보, 주사위가 들어가는 활동은 더 하다. 가위바위보를 이겨서 친구에게 영어로 말하고 포인트를 받는 활동, 주사위 눈의 수가 많아서 내 말을 다른 말보다 앞으로 보내는 말판놀이는 그 학생의 성실함 및 능력과는 별개인 '운'에 의한 승리가 허다하다. 이렇게 운의 힘이 작용한 게임에서 이긴 학생들이 사탕을 가져가고, 진 학생들이 빈손으로 가는 건 너무하다.

운의 요소가 많지 않고 열심히 해서 성취하는 활동에는 조금 더 높은 보상을 해줄 필요가 있다. 예를 들어 2차시 Speaking에서 정보차 활동을 열심히 해서 10명 이상의 Favorite things를 먼저 채웠다면, Step by step activities에서 3장의 학습지를 먼저 완수했다면 좀 더 큰 보상을 받아 마땅하다. 그래도 게임을 열심히 해서 이겼는데 아무 보상이 없으면 학생들이 불만을 가질 수 있다. 그렇다고 해도 보상 체계가 영어 수업을 지배하지 못하도록 전체 영어 수업 운영을 포인트 제도에 맡기지는 말아야 한다.

이를 바탕으로 수업 시간에 운영할 수 있는 보상 체계를 다음과 같이 분류할 수 있다.

○ 약한 보상

- 교실에서 먼저 나가기: 이긴 학생에게 먼저 교실에서 나가도 괜찮다고 말한다.

  교사의 멘트: Winners stand up! Winners deserve to go to homeroom first. Winners, see you next time. Bye.

- 진 학생은 게임 도구 정리하기: 이긴 학생이 먼저 나가면 진 학생에게 게임 도구(말판, 주사위) 등을 정리하게 한다.

  교사의 멘트: Losers, Please return game tools.

- 이긴 친구에게 축하해주기: 진 학생은 이긴 학생에게 축하의 의미로 박수를 보내게 한다. 이긴 학생은 "내가 위너!"라고 크게 말한다.

  교사의 멘트: Losers, Please give big hands to the winners. Winners, Repeat after me. I am the winner. I play game very well.

○ 일반 보상

- 쿠폰 주기: 쿠폰은 교사가 주는 가장 큰 보상이다. Guessing bag에 미리 쿠폰을 넣어두고 학생들에게 뽑게 한다. 쿠폰은 주로 모둠이 서로 힘을 합쳐서 열심히 했을 경우, 성실히 하여 일정 수준에 도달했을 경우, 활동에서 좋은 성과가 나타난 경우에 준다. 단, 평가나 시험을 잘 본 것에 대해서는 쿠폰을 주지 않는다.

  쿠폰의 구성은 다음과 같다. 모든 쿠폰에는 마지막 칸에 학생 이름을 적고, 그 학생이 원할 때 쓸 수 있도록 한다.

< 4대 주요 쿠폰 >

English Homework exemption card (영어 숙제 면제권) by Mr. Cho to _____ .	학생의 숙제를 면제 해준다. 숙제 검사할 때 이 쿠폰을 보여주 면 무사통과다.	**Choose Seats Coupon** (원하는 자리 앉기) You can choose your seat for 3 days. by Mr. Cho to _____ .	학생이 원하는 자리에 3일 간 앉는 쿠폰이다. 이 쿠폰을 선생님에게 보여주고 원하는 자리에 앉을 수 있다. 자리에 앉아 있던 학생은 쿠폰 소지 학생과 자리를 바꿔야 한다.
Free time Coupon (자유시간 쿠폰) You can enjoy your 15 minutes of free time. (But you shouldn't disturb other students. Smartphone use is not allowed.) by Mr. Cho to _____ .	15분 정도 영어 교실 아무 곳에서 자신만의 시간을 보내는 쿠폰이다. 단, 그날 해야 할 과제를 나머지 시간에 완수해야 한다.	**one sweet for you.** (사탕 쿠폰)	사탕을 받는 쿠폰이다. 특별한 것 없이 그냥 Guessing bag에서 사탕 하나를 뽑아 가져간다.

쿠폰을 일정한 비율로 만들 필요는 없다. 영어 숙제 면제권, 원하는 자리 앉기 및 자유시간 쿠폰은 작게, 사탕 쿠폰은 많이 출력하여 잘라 넣어둔다. 사탕 쿠폰은 뽑자마자 바로 가져가게 한다. 학생들은 수업이 끝나고 공개적으로 쿠폰을 뽑아서 가져간다.

때로는 열심히 한 느린학습자에게 특별(사탕 등) 쿠폰을 준다. 수업이 끝난 후 그 학생만 조용히 오라고 한 후에 오늘 열심히 참여했다고 칭찬하면서 쿠폰을 뽑게 한다. 이때 룰렛 돌리기로 쿠폰을 뽑게 하는 것도 좋은 방법이다.

※ 영어 수업 쿠폰 양식

(QR코드를 스캔하면 자료를 다운받을 수 있습니다.)

그밖에 소소한 TIP

이미 선행학습을 한 학생들은 어떻게?

교사를 힘들게 하는 몇몇 학생 때문이 아니라 너무 잘 하는 학생들 때문에 영어 수업이 힘들 때가 있다. 이들 중 상당수는 열심히 수 업에 참여하지만, 교과서 내용을 뻔히 잘 알고 있으므로 수업을 시시하게 느 끼는 학생들이 한 반에 함께 존재한다.

하지만 선행학습 금지법 때문에 이 학생들이 잘한다는 이유로 레벨을 올려 다음 학년 교과서 내용을 미리 공부하라고 할 수도 없다. 더군다나 초등 영어 교과서에서 제시하는 필수 단어와 문장을 벗어나는 다른 표현들을 가르치기 에도 애매하다.

결국 이 학생들을 위해 할 수 있는 건 수업 중 다른 친구들의 멘토 역할을 시켜주거나 이들이 도전할 만한 심화활동을 제시하는 것이다. 이 학생들이 원 래 영어를 잘해서 멘토를 시켜주는 것이 아니다. 멘토의 자격을 공정히 부여 하는 게 중요하다. 주어진 활동을 먼저 잘 끝낸 학생들에게 멘토 이름을 부여하 고, 이들에게 영어를 어려워하는 다른 친구들을 도울 기회를 주는 것이다.

예를 들어 'I will _____ on summer vacation.'이라는 표현으로 여름

방학 계획을 세우는 활동이 있다고 가정해보자. 먼저 학생들에게 계획을 세운 후 선생님에게 검사를 받으라고 한다. 기본은 4문장을 완성하는 것이지만, 5문장을 완성해서 풍부하게 글을 작성한 학생에게는 멘토 역할을 줄 것이라고 말한다.

멘토 역할을 맡길 때는 칠판에 모두 볼 수 있도록 자신의 이름을 적게 한다. 교사는 멘토 역할을 하는 학생들의 글에 'awesome' 도장을 찍어준다. 멘토 역할을 맡은 학생들은 칠판에 그린 하트 안에 자신의 이름을 적는다. 그러면 이 학생들의 도움을 받고 싶은 친구들이 손을 든다. 멘토 역할을 맡은 학생들은 대게 적극적으로 다른 친구를 돕고자 노력한다.

약간의 경쟁이 있겠지만, 영어를 잘하는 학생들이 잘 드러나는 활동을 전체 단원에 한두 번 넣자. 멘토 역할을 맡은 학생들은 친구들이 영어를 어려워할 때 자신이 잘하는 것을 돋보이고자 열심히 한다. 이후 성과를 내고 그 성취감을 느끼게 하자.

좀 더 풍부한 표현을 알려주고 싶은데...괜찮을까?

"친구들과 밖에서 놀았다를 영어로 어떻게 말해요?"라는 질문에 일반적으로 교사가 대답해주는 영어 표현은 "I played with my friends outside."이다. 교과서에 있는 단어와 표현을 사용해야 하기 때문이다. 하지만 좀 더 적합한 표현은 'I hung out outside with my friends.'일 것이다. 'hang out'이 친구들과 어울려 논다는 의미가 있기 때문이다. "What did you do yesterday?"라고 물었을 때, "I slept in the afternoon."보다는 "I took a nap in the afternoon."이라고 말하면 더 자연스럽다. 하지만 이런 표현을 학생들에게 가르치기엔 뭔가 꺼림칙하다. 그 이유가 뭘까? 그건 교육청에서 강조하는 선행학습 금지 조항 때문이다.

〈공교육 정상화 촉진 및 선행교육 규제에 관한 특별법〉

(약칭: 공교육정상화법)

제2조(정의) 이 법에서 사용하는 용어의 뜻은 다음과 같다.

2. "선행교육"이란 교육관련기관이 다음 각 목에 따른 교육과정에 앞서서 편성하거나 제공하는 교육 일반을 말한다.

가. 국가교육과정:「초·중등교육법」제23조제2항에 따라 국가교육위원회가 정한 초·중등학교 교육과정

제8조(선행교육 및 선행학습 유발행위 금지 등) ① 학교는 국가교육과정 및 시·도교육과정에 따라 학교교육과정을 편성하여야 하며, **편성된 학교교육과정을 앞서는 교육과정을 운영하여서는 아니 된다.** 방과후학교 과정도 또한 같다.

③ 학교에서는 다음 각 호의 행위를 하여서는 아니 된다. 〈개정 2016. 5. 29.〉

1. 지필평가, 수행평가 등 학교 시험에서 학생이 배운 **학교교육과정의 범위와 수준을 벗어난 내용을 출제하여 평가하는 행위**

2. 각종 교내 대회에서 학생이 배운 학교교육과정의 범위와 수준을 벗어난 내용을 출제하여 평가하는 행위

3. 그 밖에 이에 준하는 것으로서 대통령령으로 정하는 행위

여기서 중요한 것은 바로 국가교육과정을 앞서서 편성하거나 제공하는 일반 교육을 하지 말라는 내용이다.

그럼 'hang out'이나 'take a nap'을 가르치는 것이 교육과정을 벗어나는 것인가? 초등 영어 교육과정의 표현 목록에서 이를 찾아볼 필요가 있다. 교

육부에서 발간한 2022 초등 영어 교육과정(인터넷에서 국가교육과정 정보센터라고 검색하면 교육과정 원문을 볼 수 있다)의 뒷부분에 이 표현이나 단어를 찾아보면 hang이란 단어가 등장한다. 하지만 nap이란 단어는 나오지 않는다. 그럼 hang out은 가르쳐도 되고 nap은 가르치면 안 되는 것일까?

개인적으로 참고사항 정도로만 학생들에게 가르쳐도 된다고 생각한다. 어떤 표현이 더 자연스러운지 학생들에게 알려주고, 이런 표현이 있다는 가벼운 언급은 나쁘지 않다고 생각한다. 하지만 이것으로 쪽지시험을 보거나 수행, 지필평가를 보는 건 위험하다. 그 이유는 위 공교육정상화법 8조 3항 1번의 출제 및 평가의 엄격성을 보면 알 수 있다.

'hang out', 'take a nap'을 참고로 알려줄 수는 있지만, 우리는 공교육 교육과정을 따라야 한다. 이 표현이 교과서, 지도서, 교육과정에 나오지 않았기에 이걸 평가하는 것에 대한 근거가 부족하다. 영어 표현과 주요 단어가 과하게 현행 교육과정에서 벗어날 경우에 문제가 될 수 있음에 유의하자.

하지만 학생들이 스스로 인터넷으로 찾아보는 과정에서 나오는 결과로서의 표현이라면 괜찮지 않을까 생각한다. 학생들이 영어로 자신의 일과를 설명할 때 '나는 오후에 학원에 다닙니다.'라는 표현을 영어로 써야 하는 상황이라고 하자. 학생들은 선생님에게 '학원'을 영어로 어떻게 쓰냐고 묻거나 자기 테블릿 PC나 스마트폰으로 인터넷 검색을 할 것이다. 이런 질문에 답하는 차원에서 'academy, private institute' 같은 단어를 학생들에게 알려줄 수는 있다. 단, 교사의 주도하에 상위 수준의 표현과 단어를 초등학생이 알아야 할 주요 표현과 단어인 것처럼 알려주는 건 여전히 위험하다.

영어 수업, 어느 정도 준비해야 할까?

지금까지 교사 생활을 하면서 영어 수업 준비에 실질적 도움을 준 가장 고

마운 웹사이트는 '인디스쿨'이다. 인디스쿨에 올라와 있는 양질의 자료를 다운받아서 수업에 활용하는 것은 그만큼 교사가 수업 준비를 위해 투여야 해야 할 노력과 고민을 줄여준다.

풍부한 자료가 많은 인디스쿨도 이용할 때 주의할 점은 있다. 바로 인디스쿨 자료실 과몰입이다. 내가 원하는 단원과 차시의 자료를 검색하면서 마음에 드는 게 나올 때까지 찾는다. 좋은 활동, 괜찮은 자료다 싶다가도 더 좋은 게 있겠지 하고 또 뒤진다. 불만족스러우면 1년 전 자료까지 샅샅이 뒤진다. 그러다 보면 30분이란 시간이 훌쩍 지나가 버리고, 결국 정작 내 맘에 드는 자료를 발견하지 못한다. 더 좋은 자료가 있겠지 하는 기대감으로 무작정 오랜 시간 찾기보다는 차라리 정해 놓은 시간 동안만 찾다가 없으면 찾아 놓은 자료를 변형하거나 기존 자료를 편집해서 만드는 게 오히려 더 낫다.

1년 영어 수업은 5, 6학년 영어 교육과정 기준으로 최소 102차시를 한다. 모든 영어 수업이 꼭 양질의 자료로 최대한의 효과를 내야 할 필요는 없다. 힘을 들일 때 들이고 뺄 때는 빼야 한다. 모든 수업이 활기차고 학생 상호작용이 극대화될 필요가 없다. 주어진 시간 동안 최대한 수업을 준비하고, 그 수업이 일정 수준의 목표 달성과 학생 참여도가 보장된다면 그것만으로도 만족하는 편이 낫다.

교사 스스로 지나치게 높은 기대감으로 활동 하나로 모든 학생들을 즐겁게 참여하게 만들겠다는 생각은 과감히 버리자. 100점 만점에 계속해서 90점 이상을 받을 수 없다.

새로운 아이디어가 나오지 않는다면 교과서에 있는 활동을 하거나 다른 단원에서 좋았던 포맷을 다시 활용할 수도 있다. 꼭 게임을 하지 않아도 된다. 학생의 쓰기 활동이 좀 더 촉진되길 바란다면, 빈칸이 주어진 예문을 제시하여 나머지를 채워 글을 완성하게 하는 활동도 때로는 필요하다. 활동의 즐거움을 위해 광산에서 금맥을 찾듯이 인터넷에서 무리하게 자료를 찾지 말자.

그밖의 상황에 대한 대처 방법은 다음 표와 같다.

〈수업 시간이 부족하다면?〉

상황	읽기-쓰기 중심 수업이다. 좋아하는 것을 묻고 답하는 단원 핵심표현, 'My favorite _____ is _____.'를 가르치고 있다. 활동 3까지 해야 하는데 중간에 질문하는 학생이 많다. 결국 모든 활동을 하기에는 시간이 모자란다. 10분 남았는데도 활동 2 문장 읽기 연습이 끝나지 않았다. 활동 2를 대충 끝내고 활동 3 읽기 게임으로 가야 하나? 활동 3은 액션 리딩 게임 활동이라 게임 방법을 학생들에게 설명하는 데만 5분 걸리는데, 어찌해야 하나? 에잇, 그냥 활동 3 패스! 활동 2는 최대한 지연시키고, 활동 3 대신 전에 배운 팝송 듣고 끝내자.
문제	활동 하나가 지체되어 시간이 모자라는 경우는 수업에서 흔하다. 결국 교사는 선택을 해야 한다. 솔직히 모든 활동을 수업 종료 시간 기준 +5분 안에 끝내는 것만 해도 시간 조절을 잘한 것이다. 수업 중 학생들의 질문에 대한 대답, 문제 있는 학생 훈육, 좀 더 다양한 표현 소개 등 수업이 지연되는 이유는 여기저기 충분히 있다. 수업 시간 지연으로 활동을 다 하지 못했다는 것에 자책하지 말자. 수업 시간이 활동을 다 하기에 부족하다면 선택해야 한다. 시간 안에 적절히 끝내는 것은 좋았으나, 활동 3 대신 했던 활동이 읽기 중심 수업 활동과 연계되지 못했다.
해결	읽기 중심에서 활동 3은 능동적 읽기-쓰기 활동이다. 학생들이 연습한 것을 토대로 고쳐 쓰기 활동 등이 이루어졌을 것이다. 시간이 모자라 활동을 생략하거나 다른 것으로 바꿀 때 학습목표와 가장 잘 연결되는 활동이 무엇인지가 중요하다. 읽기-쓰기 중심 수업에서 5분밖에 남지 않았다면 게임 활동에 등장하는 문장을 일부러 틀리게 쓰고 학생들이 바르게 바꿔 적는 활동을 해도 좋다. 그림을 보여주고 모둠별로 바른 문장을 적게 할 수도 있다. 아니면 주어진 문장을 읽게 한 후 교사가 문장을 바꿔서 읽기를 해도 좋다. 꼭 게임이 아니어도 좋다. 'My favorite things'라는 것들을 단어로 적게 하는 것은 어떨까?

〈더 많은 학생이 질문에 대답하게 만들고 싶다면?〉

상황	물건의 가격을 묻고 답하는 표현을 배우는 시간이다. DVD의 대화 장면을 보고 이해하는 상황에서 교사가 내용 파악 확인을 위해 전체 학생들에게 물어본다. "How much are the jeans?" 선행학습을 해서 영어를 잘하는 학생 2명이 1초 만에 "They are thirteen dollars."라고 말한다. 교사는 "OK! Right."라고 말하고 다음 질문을 시작한다.
문제	교사가 전체 학생을 대상으로 질문했을 때 답변이 제대로 나오지 않으면 당황한다. 교사의 마음속엔 이미 답이 있으나, 학생들이 그 답을 빨리 말해주지 않으면 곤혹스럽다. 그래서 누군가 답을 말하면 반갑기도 하고, 수업 시간이 모자랄 수 있으므로 다음으로 넘어가기 쉽다. 하지만 교사는 학생들이 대화 장면을 이해했는지 확인하기 위해서 질문했지만, 오직 2, 3명만이 이해했음을 확인한 셈이다. 나머지 다수의 학생이 이것을 이해했는지 파악하기 어렵다. 교사가 질문한 후에 다수의 학생이 그 질문에 답할 수 있도록 충분한 시간을 주지 않은 것이다.
해결	교사의 질문에 학생들이 바로 답하지 못하게 하자. 즉 앞서가는 학생의 즉답으로 다른 학생이 생각할 시간을 침해받지 않게 해야 한다. 앞서 나가지 못하는 학생들이 답을 생각할 시간을 확보해야 한다. 이를 위해 교사의 카운트다운("three, two, one!") 후 대답하게 하자. 때로 학생들에게 질문하고 다섯 손가락을 펴서 보여준다. 그리고 다섯 손가락을 하나씩 접고 주먹이 되면 학생들이 대답하게 한다. 이렇게 하면 좀 더 많은 학생이 대답을 한다. 질문의 난이도에 따라 손가락을 천천히 접기도 하고 빨리 접기도 한다. 좀 더 학생들의 참여를 유도하려면 미리 내용 파악을 위한 질문지를 주고 스스로 생각하게 한 후, 먼저 짝과 서로 묻고 답하게 한다. 이후 교사가 전체 학생에게 질문한다.

한편 학생들에게 추가적으로 질문하는 방법은 다음과 같다.

- 짝에게 질문: Dialogue를 본 후 짝과 서로 질문하고 대답하게 한다. 내용 파악 질문은 미리 칠판에 써둔다. 이후 교사가 답을 학생들과 함께 확인한다.
- 모둠의 해당 번호 학생에게 질문: 모둠원에게 각각 번호를 부여한다. Dialogue에 대해 질문을 한 후 번호 뽑기를 한다. 3번이 뽑혔으면 3번에게 질문한다. 교사가 질문하면 카운트다운을 하고 동시에 대답한다.

※ 영어전담교사, 기회를 잡자

▶ 영어공인시험에 응시하여 점수를 올리자

교육청 주관 해외연수, 해외파견 및 고용휴직을 해야 하는 재외한국학교 모두 영어공인시험(TEPS, TOEIC 등) 점수를 요구한다. 물론 고용휴직인 경우에는 높은 점수가 필요하지 않지만 1년에 한두 번 시험을 봐두어서 일정 점수 이상이 나오도록 유지하는 게 중요하다. 교사들이 많이 신청하는 원격직무연수에도 TEPS나 TOEIC 과정이 개설되어 있으므로 미리 연수도 받고 시험도 봐두자. 시험 점수는 보통 2년 이내의 것이 인정된다.

▶ 영어 관련 공문을 살피고 주요 연수와 행사에 참여하자

교육청에서 주관하는 연수나 공모 과정 등이 공문으로 온다. 매번 K-에듀파인에 접속하여 문서등록대장을 확인하는 것이 번거롭다면 영어 업무 담당 교사에게 미리 그런 공문이 있으면 공람해달라고 하는 것도 좋은 방법이다. 교육청 영어 관련 공문에서 내가 할 수 있는 영어 연수를 자주 신청해서 참여하자.

최근 디지털 AI 관련 영어 교육 방법이 새롭게 부상하고 있다. 연수에 가면 새로운 영어 교육의 동향을 알 수 있으며, 영어 교육에 관심 있는 선생님들을 만날 수 있다. 더 좋은 방법은 각 시도별 초등 영어 교육 관련 연구회에 가입하는 것이다. 영어 교육 관련 세미나에도 참여하고, 연구회 워크숍에서 회원들과 만나면 배울 점을 찾을 수 있다. 각 교육청의 영어교육지원단 등에도 가입해서 활동하자.

각종 해외 한국국제학교 현황은 재외교육기관포털 홈페이지에서 '한국학교-학교정보'를 검색하면 알 수 있다. 또한 파견교사 및 고용휴직 관련 정보는 '교육부-인사알림-채용공고'에도 공고가 올라온다. 같은 내용의 공문이 시도교육청을 통해서 학교로도 시달된다.

▶ 수업실기대회에 참가하자

수업을 잘한다는 것을 공신력 있게 인정받는 좋은 방법이 바로 수업실기대회 입상이다. 수업 관련 연구대회에서 수상하게 되면 수업에 자신감이 생기고, 나만의 영어 수업 노하우가 축적된다. 그리고 다른 기관에 응모하거나 이력을 제출할 때 훌륭한 경력이 된다.

어떻게 할지 막막할 때에는 에듀넷에 올라와 있는 연구대회 기 입상 사례들을 보거나 다른 연구대회의 사례를 보고 주제를 찾아본다. 연구대회의 여러 사례를 분석하다 보면 어떤 방향으로 수업해야 할지 아이디어가 떠오른다. 그 주제를 가지고 수업 방향을 재구성해나가면 된다. 좋은 활동, 좋은 발문과 자연스러운 수업 방법을 내 것으로 만드는 연습이 저절로 습득된다.

교사는 수업을 잘한다는 말이 가장 좋은 칭찬이자 보람이다. 설사 수업 진행 능력이 조금 떨어진다 해도 분명 수확은 있다. 내가 좋은 수업을 위해 노력한 내용이 남아 있기 때문이다. 대회에서 입상에 실패하더라도 이를 경험으로 다음 기회에 과감히 재도전하다 보면 분명 좋은 결과를 이룰 수 있다.

▶ 영어 관련 교육연구회에 가입하자

혼자 영어 전담 교과 수업을 하다 보면 힘에 부치거나 혼자만의 속앓이를 하는 경우가 많다. 홀로 문제를 해결하는 것도 한계가 있다. 하지만 나와 비슷한 희망을 품고서 같은 고민을 이미 했고, 이를 해결한 교사들이 있다. 영어교육연구회가 그것이다.

연구회 활동을 하며 영어를 좋아하는 사람과 정보도 교환하고 친분을 다져보자. 영어교육연구회는 시도교육청별로 있기도 하지만 없는 경우도 있다. 영어교육연구회가 결성되어 모집 공문이 학교로 오기도 한다. 지역 내 시도교육청에 영어교육연구회가 있다면 가입하여 그 기관에서 여는 각종 세미나나 연수에 참가하자.

▶ 영어 회화 능력을 향상하기 위한 나만의 방법을 실천하자

요즘 때때로 출퇴근 차 안에서 Microsoft사의 AI 'Copilot'과 영어로 이야기를 나눈다. 특정 주제에 대해 이야기를 나누자고 말하고, 그것에 대해 질문과 답을 서로 주고받는다. Copilot은 특별한 정치적 견해 없이 중립적인 말을 한다. 무엇보다 좋은 건 항상 끝에 나에게 해당 주제에 대한 적절한 질문을 한다는 점이다. 그렇게 20분 정도 말한 후 스마트폰 히스토리를 보면 내가 했던 말이 그대로 스크립트 형태로 남아 있다.

Copilot에게 그동안 내가 했던 말의 문법적 오류를 잡아서 다시 말하고, 더 좋은 표현이 있으면 추천해달라고 말한다. 그렇게 하면 내가 했던 비문이나 오류를 다시 바로잡아서 알려준다. 이렇게 멋진 영어 회화 파트너가 또 있을까. 영어 회화 능력이 향상될수록 영어전담교사로 교단에 설 때 더 자신감이 생기는 것은 당연하다.

한 차례 영어 수업이 끝나면 등에 땀방울이 맺힐 때가 많았습니다. '휴~!'란 한숨과 함께 쉬는 시간이 되면 의자에 털썩 앉습니다. 수업을 받은 학생들이 떠나고 다음 학생들이 들어오기 전까지의 7~8분 휴식이 참 다디답니다.

이제 영어를 가르친 지도 10년, 전체 경력은 20년이 넘어갔는데도 여유는 커녕 등에 진땀이 나도록 수업을 계속하다니, '난 언제쯤 수업이 쉬워질까?' 하고 나 자신에게 물어봅니다. 시간이 지날수록 수업을 익숙하고 능숙하게 할진 몰라도, 수업을 잘한다는 건 여전히 어렵다는 것이 저의 결론입니다.

완벽한 수업은 없습니다. 수업 하나하나에 전략, 목표, 프레임 등을 실행하다 보면 수많은 실패가, 좋지 않은 결과가 눈앞에 펼쳐집니다. 야심 차게 준비한 게임인데 막상 아이들이 재미없어 하기도 합니다. 열심히 준비한 활동이 금쪽이 아이의 거친 행동에 무너지기도 하지요.

하지만 이렇게 하면 어떨까 생각하며 수업에 적용한 작은 아이디어가 의외로 아이들이 몰입하는 좋은 활동이 되기도 합니다. 이런저런 경험의 결과와 거기서 효과를 본 전략을 반복하여 내 것으로 만드는 것이 결국 좋은 수업을 만드는 방법입니다.

선배 선생님들의 수업을 참관해보면 선생님들만의 확고한 루틴이 있습니다. 갑작스러운 돌발 상황을 대하는 또 다른 루틴이 나옵니다. 아이들이 갑자기 떠들어도, 질문에 질문이 이어져도 여유 있게 받아넘기십니다. 그 루틴은 그냥 나온 게 아니라 그분의 몇백 번, 몇천 번 수업의 결실입니다. 결국 그 루틴은 그 선생님의 수업을 더 안정적으로 이끌게 됩니다.

좋은 영어 수업으로 학생들이 즐겁게 활동하고, 웃음꽃이 피면 그만큼 활력이 되는 것도 없습니다. 아이들이 영어 인터뷰를 위해 여기저기 돌아다니며 영롱한 눈빛으로 영어로 질문하고 답하는 모습은 아름답습니다. 아이들이 영어 수업이 재밌다고 말할 때, 영어 교실 밖을 나가면서 오늘 영어 게임 결과에 놀라워할 때, 수업 시간 알려준 팝송을 쉬는 시간에 흥얼거리며 다닐 때, 다음 영어 수업 기다려진다고 말할 때 등등. 아이들이 제가 진행하는 수업에 몰입했다는 긍정적 신호들은 영어 수업 준비에 대한 보람이고 즐거움입니다.

영어 교사를 하는 한 어제도 오늘도 늘 등에 땀이 맺혀왔고 앞으로도 맺힐 것입니다. 그 땀의 경험을 주섬주섬 모았더니 결국 이 책이 되었습니다. 좀 더 안정적인 영어 수업, 학생들의 즐거운 참여가 있는 영어 수업을 원하는 모든 분에게 조금이나마 도움이 되길 바랍니다. 그리고 매일 아이들을 위해 노력하고 수업 준비하시는 모든 선생님들을 응원합니다.

이 책이 나오기까지 수업에 적극 참여하고 열심히 공부하면서 성장해준 학생들에게 고맙다는 말을 전합니다. 영어전담교사로서 자리매김하기까지 도와주신 수많은 선후배 선생님, 교장, 교감 선생님께 감사 인사를 드립니다. 자신의 사명에 열심히 생활하며 한 뼘 한 뼘 건강히 흔들리며 자라나는 나의 딸, 아들에게 고맙다는 인사를 전합니다.

마지막으로 매일 저녁, 일상의 이야기를 나누며 인생의 긴 여정을 함께하고 있는 평생 동반자인 아내에게 고맙고 사랑한다는 말을 전합니다.